Giftpflanzen in Haus und Garten

Heike Boomgaarden

Giftpflanzen in Haus und Garten

KOSMOS

Zum Gebrauch dieses Buches

Lorbeer-Kirsche

Früchte

Lorbeer-Kirsche, Kirschlorbeer
Prunus laurocerasus

Aussehen Dieser immergrüne, bis zu 4 m hohe Strauch besitzt glänzend dunkelgrüne Blätter. Die weißen, in aufrechten und länglichen Trauben beisammenstehenden Blüten riechen leicht stechend nach Aminen. Die kugeligen Steinfrüchte werden in der Reife schwarzviolett.
Standort Der Kirschlorbeer stammt aus Südosteuropa und Asien. Er liebt schattige bis halbschattige Standorte mit lehmigen Böden.
Wissenswertes 50 bis 60 samenhaltige Früchte stellen bei einem Erwachsenen die tödliche Dosis dar, bei Kindern können dagegen schon zehn samenhaltige Früchte zum Tod führen. Alle Pflanzenteile, besonders aber die Blätter und Samen, enthalten sehr giftige, blausäurehaltige Glukoside. Das Fruchtfleisch hingegen ist fast giftfrei. Eine Vergiftung zeigt sich zuerst durch Übelkeit, Erbrechen und Brennen im Mund. Danach folgen Schwindel und Atemnot. Da der Verzehr von einigen wenigen Früchten gefahrlos ist, sofern der Kern sofort ausgespuckt wird oder unverletzt den Magen-Darmtrakt verlässt, wird die Lorbeer-Kirsche in der Türkei kultiviert. Dort werden die Früchte zu Marmelade verarbeitet oder als Trockenfrüchte verzehrt. Hierbei bedarf es eines genauen Verarbeitens. Kirschlorbeer ist auch für alle Haustiere giftig, neben Kleintieren sind auch Großtiere gefährdet.
Ungiftige Alternative Hainbuche *(Carpinus betulus)*

GIFTIGE PFLANZENTEILE

BLÜTEZEIT
Jan | Feb | März | **April** | **Mai** | **Juni** | Juli | Aug | Sept | Okt | Nov | Dez

---

Deutscher Name
Dieser kann regional sehr unterschiedlich sein.

Botanischer Name
Der erste Name bezeichnet die Gattung, der zweite die Art. Bei Hybriden befindet sich manchmal ein × zwischen dem Gattungs- und Artnamen. Bei Gattungshybriden finden Sie ein × vor dem Gattungsnamen.

Giftige Pflanzenteile
Die Symbole und ihre Farbe zeigen giftige Pflanzenteile auf. Fehlen Symbole bei den Pflanzenbeschreibungen, so heißt das nicht automatisch, dass die entsprechenden Pflanzenteile ungiftig sind.

 Blätter

 Blüten

 Früchte und Samen

 Wurzel

 stark giftig

 giftig

 allergieauslösend

 giftig und allergieauslösend

Ungiftige Alternative
Bei den kultivierten Pflanzen sind hier ungiftige Arten mit ähnlichen Ansprüchen an Standort und Pflege genannt, die Sie anstelle der giftigen Pflanze verwenden können. Da alle Zwiebelpflanzen tiergiftig sind, fehlt bei Zwiebelgewächsen eine Angabe zur ungiftigen Alternative.

Blütezeit
Es ist die durchschnittliche Blütezeit angegeben. Die Angebotszeit insbesondere von blühenden Zimmerpflanzen kann von der hier angegebenen Blütezeit abweichen, weil diese in den Gärtnereien gesteuert werden kann.

Abkürzungen
sp.: Species = auf Deutsch Art
syn.: Synonym; Name, unter dem die Pflanze auch bekannt ist

Inhalt

Giftpflanzen in Haus und Garten 6

Allergien auslösende Pflanzen 10

Giftige Pflanzen für Tiere 12

Giftige Zimmer- und Kübelpflanzen 13

Giftige Stauden und krautige Pflanzen 55

Giftige Gehölze 119

Service

Vergiftungen – was tun? 154

Giftnotrufzentralen 155

Register 156

Giftpflanzen in Haus und Garten

Pflanzen bestehen nicht nur aus wertvollen Inhaltsstoffen, die wir essen oder für Bauwerke und andere technische Errungenschaften nutzen können. Sie enthalten auch eine Vielzahl unterschiedlicher Substanzen, die auf unseren Körper und den der Tiere wirken. Einige Heilpflanzen etwa stärken normale Körperfunktionen, andere unterstützen die Heilung von Krankheiten und Verletzungen. Giftpflanzen hingegen zeichnen sich durch Wirkstoffe aus, die normale Körperfunktionen schwächen oder zu solch massiven Störungen in Atmung, Kreislauf und Verdauung führen, dass sie sogar zum Tod führen. Interessanterweise dienen gerade viele Giftpflanzen wie etwa der Fingerhut oder Efeu in der richtigen Dosis als Heilpflanzen für Herzkrankheiten oder Husten.

Für Tiere giftig

Nach einer Sendung „ARD-Buffet" zum Thema Giftpflanzen kamen bemerkenswerterweise die meisten Zuschauerfragen zum Thema, welche Pflanzen für Tiere giftig sind. Persönlich mussten wir vor einigen Jahren die traurige Erfahrung machen, dass drei aus ihrem Gehege ausgebrochene Meerschweinchen durch das Knabbern an einer *Monstera* eingegangen sind.

Fragen zur Tiergiftigkeit sind tatsächlich sehr berechtigt, denn viele der heute erhältlichen Pflanzen für Haus und Garten sind Exoten. Unter ihnen befinden sich etliche, die für Haustiere giftig sind. Im natürlichen Umfeld würden Hunde und Katzen, aber auch Kleintiere wie Kaninchen, Meerschweinchen, Hamster und Vögel mit diesen Pflanzen nicht in Kontakt kommen und sie daher auch nicht fressen. Anders ist die Situation, wenn die Haustiere in Haus und Garten auf diese für sie giftigen Pflanzen treffen. Mehr Infos dazu finden Sie auf S. 12.

Junge Blätter der Kleinen Flamingoblume *(Anthurium scherzerianum)* sind besonders giftig.

Die Dieffenbachie *(Dieffenbachia seguine)* ist eine der giftigsten Zimmerpflanzen.

Gefahren für Kinder

Ein zweiter Schwerpunkt dieser Zuschauerfragen lag bei den Pflanzen, die für Kinder gefährlich werden können. Hier heißt es, das Augenmerk auf die wahren Gefahren zu lenken und das sind bei Kindern nicht die giftigen Wurzeln und Triebe der Pflanzen. Die größte Anziehung haben die leuchtenden Beeren und die gut duftenden Blüten. Bei diesen Pflanzenteilen liegt die größte Wahrscheinlichkeit einer Vergiftung, denn viele unserer Wild-, Zier- und Zimmerpflanzen haben mehr oder minder giftige Blüten, Früchte und Samen. Sogar Pflanzen, von denen wir uns tagtäglich ernähren, können im rohen oder unreifen Zustand giftig sein, wie etwa grüne Tomaten oder rohe Bohnen. Deshalb gilt grundsätzlich: Erziehen Sie Ihre Kinder frühzeitig dazu, unbekannte Früchte aller Art nicht in den Mund zu nehmen und zu essen. Dazu ist es unerlässlich, dass Sie sich Wissen über die heimische Pflanzenwelt aneignen – etwa in Form von Pflanzennaturführern (z. B. „Was blüht denn da?", Kosmos-Verlag) oder Exkursionen mit örtlichen Naturschutzorganisationen oder

Persisches Alpenveilchen *(Cyclamen persicum)*

der VHS. Allzuoft stehen hochgiftige Eiben und andere Giftpflanzen aus Altbeständen auch rund um Spielplätze oder in Gärten.

Haben Sie kleine Kinder, so sollten Sie giftige Pflanzen nicht in Ihrem Garten pflanzen, ebenso nicht im Umfeld von Kindergärten. Denn dort spielen Kinder häufig unbeobachtet und kommen dann gern mal auf die Idee, mit

Die giftigsten Pflanzenteile einiger Zimmerpflanzen

Bei den Pflanzen sind nicht alle Teile gleich giftig oder ungiftig. Oftmals konzentrieren sich die Giftstoffe in bestimmten Pflanzenteilen.

Zimmerpflanze	giftige Pflanzenteile	Seitenverweis
Flamingoblume *(Anthurium-Hybriden)*	junge Blätter	s. S. 18
Persisches Alpenveilchen *(Cyclamen persicum)*	Knolle	s. S. 29
Dieffenbachie *(Dieffenbachia seguine)*	ganze Pflanze	s. S. 31
Christusdorn, Weihnachtsstern *(Euphorbia-Arten)*	Milchsaft	s. S. 34 und 35
Primel *(Primula-Arten)*	ganze Pflanze	s. S. 47
Bogenhanf *(Sansevieria trifasciata)*	ganze Pflanze	s. S. 49
Korallenbäumchen *(Solanum pseudocapsicum)*	Frucht	s. S. 51

Rotkehlchen stehen auf die für uns hochgiftigen Früchte des Pfaffenhütchens *(Euyonymus europaeus)*.

den Früchten und Samen der Pflanzen „kochen" zu spielen und sie zu probieren. Manchmal wachsen nun aber schon einmal einige Giftpflanzen in unserem Umfeld. Diese brauchen Sie nicht gleich alle zu entfernen, denn unter den giftigen Pflanzen gibt es auch zahlreiche bedrohte und geschützte sowie sehr attraktive Arten. Hier gilt auch wieder: Gehen Sie mit ihren Kindern zu den Pflanzen und erklären Sie deren Gefahren. Dabei müssen Sie natürlich auf das Alter der Kinder achten, denn ein dreijähriges Kind versteht die Gefahren viel weniger als ein zehn- oder zwölfjähriges Kind.

Vergiftungen mit Pflanzen

Ohne in den Verdacht geraten zu wollen, die Gefahren durch Giftpflanzen „herunterzuspielen", hier einige Zahlen aus der Statistik der Giftnotrufzentralen: Der Anteil nachgewiesener Vergiftungen durch Pflanzen oder Pflanzenteile liegt bei unter 5 %, gemessen an der Gesamtzahl aller Vergiftungen. Hiervon entfallen nochmals 80 % auf Pilzvergiftungen, die in diesem Buch ganz unberücksichtigt bleiben.
Alkaloide, Glykoside, ätherische Öle, Gerbstoffe, Andromedotoxine, Pflanzensäuren, Saponine, Primin, Toxalbrumine, Bitterstoffe, Blausäure, Cumarin (Quelle: www.gartenakademie.rlp.de) und viele andere Toxine können in Pflanzen enthalten sein. Diese Substanzen

sind Abfallprodukte des pflanzlichen Stoffwechsels oder dienen der Abwehr von Fraßfeinden, die im günstigsten Fall nicht tödlich wirken, sondern abschreckend. Daher besitzen oftmals die essentiell für das pflanzliche Überleben wichtigen Teile wie Zwiebeln, Knollen oder junge Triebe besonders hohe Konzentrationen an Giftstoffen.
Früchte und Samen, die durch bestimmte Tiere verbreitet werden, sind für diese ungiftig oder zumindest gut verträglich. Ein Beispiel dafür sind die für uns Menschen hochgiftigen Früchte des Pfaffenhütchens, die gern von Rotkehlchen gefressen und über deren Kot verbreitet werden. Bei anderen Früchten wie beispielsweise den Tomaten werden die Giftstoffe im Lauf der Fruchtreifung abgebaut. Durch die Umfärbung von Grün nach Rot wird dieser Reifevorgang auch sichtbar.

Trendpflanze Chinesischer Jasmin
Die *Mandevilla laxa* ist eine wunderschöne Kübelpflanze, die mit ihren großen, ausdrucksstarken und duftenden Blüten jedem Hobbygärtner gefällt. Der immergrüne, starke Schlinger verleiht Wintergärten ein südländisches Flair. Als robuste Pflanze verträgt sie die heißesten Standorte und nimmt auch Wassermangel nicht gleich übel. Doch wussten Sie, dass diese Trendpflanze zu den giftigsten Kübelpflanzen gehört und dass man sie nicht kultivieren sollte, wenn man kleine Kinder oder Haustiere hat? Viele unsere Pflanzen in Haus, Terrasse und Garten kommen aus den Tropen und Suptropen, und so manche davon sind richtig giftig.

Die giftigsten Früchte und Samen
Schon die Aufnahme kleinster Mengen dieser Früchte und Samen ist für Menschen gefährlich.

Pflanze	Seitenverweis
Eisenhut (*Aconitum* sp.)	s. S. 56
Aronstab (*Arum* sp.)	s. S. 67
Tollkirsche *(Atropa bella-donna)*	s. S. 70
Herbstzeitlose (*Colchicum* sp.)	s. S. 75
Gefleckter Schierling *(Conium maculatum)*	s. S. 76
Stechapfel (*Datura* sp.)	s. S. 83
Europäisches Pfaffenhütchen *(Euonymus europaeus)*	s. S. 130
Schwarzes Bilsenkraut *(Hyoscyamus niger)*	s. S. 98
Goldregen *(Laburnum anagyroides)*	s. S. 136
Taumel-Lolch *(Lolium temulentum)*	s. S. 99
Gemeine Eibe *(Taxus baccata)*	s. S. 149

Giftpflanzen auf den Kompost?
Diese Frage taucht immer wieder auf. Ja, ist die korrekte Antwort, denn die giftigen Inhaltsstoffe werden bei der Kompostierung von den Mikroorganismen zersetzt. Achten Sie aber stets darauf, dass der Komposthaufen weder zu trocken noch zu feucht ist und reagieren Sie dementsprechend mit Gießen oder Abdecken.

Giftige Pflanzen verbrennen
Ganz anders liegt die Sache beim Verbrennen von giftigen Pflanzen. Dabei werden die Pflanzengifte oft hoch konzentriert in die Umgebungsluft abgegeben. Durch das Einatmen des solchermaßen angereicherten Rauches kann es dann zu gesundheitlichen Problemen kommen. Schlimmste Vergiftungsfälle traten schon auf, wenn giftiges Holz – beispielsweise von Oleanderholz am mediterranen Urlaubsort – zum Grillen verwendet wird. Dann reichern sich die Toxine sehr stark im Grillgut an und werden beim Verspeisen von Steak, Würstchen und Co. aufgenommen.

Eine der giftigsten Pflanzen Europas: der Blaue Eisenhut *(Aconitum napellus)*

Allergien auslösende Pflanzen

Allergien sind ein großes gesundheitliches Thema unserer Zeit. Besonders Pollenallergien, die sich in Heuschnupfen bis hin zu Asthma äußern, häufen sich.
In Mitteleuropa gibt es rund 4000 verschiedene Blütenpflanzen. Doch nur ganz wenige sind für die Entwicklung eines allergischen Asthmas von Bedeutung. Ob eine Pflanze zu einer Pollenallergie führen kann, wird von der Menge des freigesetzten Blütenstaubs sowie von der Aggressivität der Polleneiweißstoffe bestimmt.

Die dekorativen, großblumigen Hybriden der *Clematis* sind sehr beliebt. Neigen Sie zu Allergien, sollten Sie bei allen Pflegearbeiten Handschuhe tragen.

Problempflanze Ambrosie

Eine Allergie auslösende Pflanze hat in den letzten Jahren so richtig für Schlagzeilen gesorgt, die Ambrosie (*Ambrosia artemisiifolia*, s. S. 61). Sie ist eine invasive Pflanze, die aus Amerika eingeschleppt wurde. Invasiv bedeutet, dass sie sich sehr stark vermehren kann. Hat *Ambrosia artemisiifolia* einmal Fuß gefasst, sät sich das bis zu 2 m hohe „Unkraut" mit seinen 3000 bis 5000 Samen pro Pflanze, die zudem noch eine lange Keimfähigkeit besitzen, selbst aus.
Die Ambrosie gehört zu den weltweit stärksten Allergieauslösern, da von einer einzelnen Pflanze Milliarden Pollenkörner freigesetzt werden. Bereits eine Konzentration von nur sechs Pollenkörnern pro Kubikmeter Luft reicht aus, um allergische Beschwerden zu verursachen. Die Blühzeit dieser Pflanze ist von Juni bis Ende Oktober – durch die späte Blüte verlängert sich die Leidenszeit der Pollenallergiker bis in den Herbst hinein.
Sollten sie eine *Ambrosia*-Allergie festgestellt haben, müssen Sie fortan auch Sonnenblumen, Margeriten, Arnika, Bananen und Melonen meiden, da es mit diesen Pflanzen zu Kreuzallergien kommen kann. Allergiker sollten zudem weder Ahorn, Buche, Linde, Pappel noch Zeder in ihren Garten pflanzen.

Die wichtigsten Allergieauslöser

Um zur Zeit des Pollenflugs massive allergische Probleme zu vermeiden, sollte man auf Birken, Erlen, Eschen, Zierhasel, Ulmen und Ziergräser im Garten verzichten. Achten Sie auch auf Kreuzallergien, wie z. B bei der Haselnuss mit Äpfeln, Aprikosen, Fenchel, Karotten, Kirschen, Kiwis, Tomaten und Thymian.

Pflanzen für Allergiker

Es gibt eine Vielzahl von schönen Gartenpflanzen, die an Allergien leidende Menschen in ihren Garten pflanzen können. Dazu gehören Azaleen und Rhododendron, Magnolien und Hibiskussträucher, aber auch alle Nelken. Als Kletterpflanzen bieten sich für Pollenallergiker die zahlreichen *Clematis*-Arten an, diese hingegen nicht für Gärtner, die zu Kontaktallergien neigen. Erlaubt sind auch alle Pflanzen mit sterilen Blüten, wie beispielsweise die neuen Hortensien.

Allergienauslöser im Zimmer

Ein ganz besonderes Problem für Allergiker können Zimmerpflanzen sein. Wenn Ihnen oft die Nase läuft oder Sie gereizte Augen haben, dann kann das auch an Ihren Zimmerpflanzen liegen. So sind beispielsweise alle *Ficus*-Arten gefährliche Pflanzen für Menschen mit Latexallergie, da sie natürliches Latex in die Raumluft absondern.

Zimmerpflanzen können auch sehr starke Kontaktallergien auslösen. Alle Wildformen der Primeln etwa enthalten Primin, welches zu den stärksten Kontaktallergenen der Natur gehört (s. Becherprimel *Primula obconica* S.47). Schon nach dem ersten Hautkontakt mit dieser Pflanze entsteht eine sogenannte „stumme Sensibilisierung". Von nun ab reagiert der Körper bei jeder Berührung mit einer primin-

Azaleen und Rhododendren lösen trotz der enthaltenen Giftstoffe keine Allergien aus.

haltigen Primel mit einer juckenden Dermatitis. Achten Sie daher beim Kauf auf priminfreie Primeln, die mittlerweile im Handel angeboten werden.

Im nichtblühenden Zustand noch ungefährlich: die Ambrosie *(Ambrosia artemisiifolia)*

Auch wenn Vögel, Schnecken oder andere Tiere Pflanzen fressen so wie hier die Amsel eine Efeufrucht, ist das kein Zeichen dafür, dass diese für uns ungiftig sind.

Giftige Pflanzen für Tiere

Es gibt Pflanzenarten wie beispielsweise Efeu und Pfaffenhütchen, die von einigen Tieren bedenkenlos gefressen werden können, während sie für uns Menschen toxisch wirken. Ebenso gibt es Pflanzen, die für Menschen ungefährlich, aber für Tiere sehr gefährlich sind. Zu diesen Pflanzen zählen etwa das Bingelkraut für Pferde, Rinder und Schweine oder die Avocado für Hunde.

Goldregen, Robinie und etliche andere Pflanzen haben nachweislich schon häufig zu schweren Vergiftungserscheinungen bei Tieren geführt. Die genannten Pflanzen enthalten u. a. Cytisin, welches auch in verschiedenen Ginsterarten vorkommt und sehr toxisch für Tiere ist. Schon 2–7 g Pflanzenmaterial pro Kilogramm Körpermasse können bei einem

Hund zum Tode führen. Nun stellen Sie sich vielleicht die Frage, wieso sich ein fleischfressender Hund beispielsweise an Goldregen, Robinie oder Oleander vergiften soll. Die Antwort ist leicht, er vergiftet sich beim Stöckchenspielen. Ebenso häufig passieren Vergiftungsunfälle beim Ausreiten, wenn das Pferd die Möglichkeit hat, an einer Eibe oder einer Robinie zu knabbern.

Besonders achtsam sollte man bei der Auswahl von Zimmerpflanzen sein, denn Katzen „grasen" gern an den Blättern der Pflanzen. Tun sie dies an einer Dieffenbachie, so kann dies zum Tode führen. Ausläufe von Nagern, wie Kaninchen und Meerschweinchen, dürfen niemals an Buchsbäume oder Rhododendren grenzen. Ragt ein Ast dieser Pflanzen ins Gehege, fressen die Tiere daran und können sich so vergiften.

In den Pflanzenporträts ab S. 13 finden Sie stets auch Hinweise auf die Tiergiftigkeit.

Giftige Zimmer- und Kübelpflanzen

Katzenschwanz, hängende Form

Katzenschwanz, Fuchsschwanz
Acalypha hispida

Aussehen Dieser verzweigte Strauch kann eine Wuchshöhe von 2–3 m erreichen. Die wechselständigen, dunkelgrünen Laubblätter sind lang gestielt (Blattstiel bis zu 15 cm lang), eiförmig zugespitzt und 10–20 cm lang. Der Blattrand ist gesägt. Der meist rote, überhängende, kätzchenartige Blütenstand ist achselständig, weist einen Durchmesser von 1–1,5 cm und eine Länge von 10–50 cm auf: Die Hauptschauwirkung der Blüten ergeben die sehr langen, meist purpurroten, sehr dekorativen Narben. Deshalb werden nur weibliche Exemplare als Zierpflanze kultiviert.
Standort Die Heimat des Katzenschwanzes liegt in Neuguinea. Heute ist sie in allen tropischen Ländern als Zierpflanze zu finden, auch oft verwildert. Im Zimmer braucht sie einen feucht-warmen, nicht zu sonnigen Platz.
Wissenswertes Der botanische Name *Acalypha* bezeichnet ursprünglich eine Nesselart. Mit den Nesseln hat diese Pflanze allerdings nichts zu tun. Ihren Name verdankt sie den Blättern, die denen der Brennnesseln ähneln. Der klare Milchsaft ist giftig und kann Haut und Schleimhäute reizen. Nach der Aufnahme von Pflanzenteilen kommt es zu Entzündungen der Magen- und Darmschleimhäute sowie zu Störungen im zentralen Nervensystem. Wurzeln, Blätter und Blüten werden zu medizinischen Zwecken verwendet.
Ungiftige Alternative Zimmerhopfen *(Justicia brandegeana)*

GIFTIGE PFLANZENTEILE

BLÜTEZEIT

Jan	Feb	März	April	Mai	Juni	Juli	Aug	Sept	Okt	Nov	Dez

Wüstenrose

Wüstenrose
Adenium obesum

Aussehen Die Wüstenrose hat einen fleischigen Stamm und kurze Äste mit 3–10 cm langen Blättern, diese stehen wechselständig. Die großen, meistens weißen, roten oder rosa Blüten stehen in Trugdolden. Zur Zimmerkultur wird die Wüstenrose auf einen Oleanderstamm aufgepfropft.

Standort Sie ist die ideale Pflanze für Fensterbänke über der Heizung, denn für eine erfolgreiche Kultur braucht die Wüstenrose einen vollsonnigen Platz, am besten an einem Südfenster. Als Zimmerpflanze trägt sie, genauso wie in ihrer ostafrikanischen Heimat, nur im Frühjahr und Sommer Blätter. In dieser Zeit muss man sie reichlich gießen. Ab Oktober sollte die Wüstenrose in einem kühlen Raum bei ca. 15 °C eine Ruhezeit einlegen, um dann wieder schön zu erblühen.

Wissenswertes Alle oberirdischen Pflanzenteile sind extrem giftig. In ihrer ostafrikanischen Heimat wird das Gift der Wüstenrose als Pfeil- und Fischgift verwendet, wurde aber auch bei Hinrichtungen eingesetzt. In der traditionellen Medizin wird aus Blättern und Rinde ein Sud zur äußeren Anwendung hergestellt, mit dem Haut- und Geschlechtskrankheiten geheilt sowie Läuse abgetötet werden. Wenn Hunde, Katzen, Nager und Vögel *Adenium obesum* verzehren, kann für sie schon eine geringste Dosis tödlich sein.

Ungiftige Alternative Schiefteller *(Achimenes erecta)*

GIFTIGE PFLANZENTEILE

BLÜTEZEIT

| Jan | Feb | März | April | Mai | Juni | Juli | Aug | Sept | Okt | Nov | Dez |

Kolbenfaden

Kolbenfaden
Aglaonema commutatum

Aussehen Der Kolbenfaden ist mit der Dieffenbachie (s. S. 31) verwandt und leicht mit ihr zu verwechseln. Ersterer wird ca. 50 cm hoch und hat wechselständige, längliche, grüne Blätter, die silbergraue oder weiße Flecken aufweisen. Der weiße Blütenkolben ist von einem weißen Hüllblatt umgeben. Die Beerenfrüchte sind gelb, orange oder rot.

Standort Ursprünglich stammt der Kolbenfaden aus den tropischen Wäldern Südostasiens. Bei uns wird er nur wegen seiner schönen Blätter als Zimmerpflanze kultiviert. Wegen seiner Vorliebe für feucht-warme Luft, muss man immer für entsprechend hohe Luftfeuchtigkeit sorgen. Der Kolbenfaden gedeiht am besten in Gesellschaft mit anderen Pflanzen.

Wissenswertes Die gesamte Pflanze ist sehr giftig. Schon beim Berühren der Blätter kann es zu Hautrötungen und Entzündungen kommen. Schlimmer sind die Symptome einer Vergiftung nach oraler Aufnahme, die sich durch ein schnelles Anschwellen der Lippen und ein schmerzhaftes Brennen auf der Zunge bemerkbar machen. Weiterhin können unregelmäßiger Herzschlag, Krämpfe und sogar innere Blutungen auftreten. Der Kolbenfaden ist sehr giftig für Hunde und Katzen, ebenso für Nager wie Meerschweinchen und für Vögel. Die Symptome sind ähnlich wie beim Menschen, zeigen sich allerdings viel stärker.

Ungiftige Alternative Ctenanthe *(Ctenanthe lubbersiana)*

GIFTIGE PFLANZENTEILE

BLÜTEZEIT

| Jan | Feb | März | April | Mai | Juni | Juli | Aug | Sept | Okt | Nov | Dez |

Aloe

Aloe
Aloe vera

Aussehen Die Aloe fällt durch ihre rosetten-artigen, fleischigen Blätter auf. Diesen bilden nach dem Absterben einen Stamm.

Standort Natürlicherweise kommt die Aloe auf den Hochebenen entlang der südafrikanischen Kap-Küste vor, aber auch in Asien. Im Mittelmeerraum wird sie für kosmetische und medizinische Zwecke angebaut.

Wissenswertes Die Aloe ist seit alters her bekannt für ihre Haut heilenden Inhaltsstoffe. Diese helfen äußerlich bei Verbrennungen. Zudem wird die Aloe gern in Kosmetika verwendet, da sie die Haut sehr gut mit Feuchtigkeit versorgt. Die Einnahme der ungeschälten Aloe ist giftig. Erst durch das Schälen der grünen Blatthaut mindert sich die stark abfüh-rende Wirkung. Nach dem Verzehr von unge-schälter Aloe kann es zu Darm-, menstruellen und Gebärmutterblutungen kommen, außerdem zu Hämorrhoiden, vermehrten Harnaus-scheidungen mit Blutbeimengungen, verstärkter Gallensekretion, Gastroenteritis und sogar Nierenreizung. Empfindliche Menschen sollten sich nicht mit der Pflanze einreiben, denn auch eine Kontaktdermatitis ist möglich. Schon in der Bibel wird die Aloe erwähnt. Ihr Holz diente als Räucherwerk, Parfüm und Zusatz bei Leichenbalsamierungen. Im Altertum wurden Kriegsverletzungen von Soldaten mit dem Saft der *Aloe vera* behandeln.

Ungiftige Alternative Dickblatt *(Aeonium arboreum)*

GIFTIGE PFLANZENTEILE

Die Pflanze bildet normalerweise in Kultur keine Blüten aus.

Flamingoblume

Flamingoblume
Anthurium scherzerianum

Aussehen Die bis zu 40 cm hohe Flamingo-blume besitzt als typischer Vertreter der Aron-stabgewächse einen Blütenkolben, der von einem auffälligen, meistens rot oder orange gefärbten Hochblatt umgeben ist. Die bis zu 30 cm langen Blätter sind lang gestielt, grundständig, lanzettförmig und von dunkel-grüner Farbe.
Standort Die Heimat der Pflanze liegt im tropischen Amerika. Bei uns ist sie eine belieb-te Zierpflanze, die es hell bis halbschattig mag. Sie fühlt sich in Einheitserde und bei hoher Luft- und Bodenfeuchtigkeit ohne Staunässe am wohlsten. Man muss beachten, dass die Flamingoblume weder im Boden noch im Wasser Kalk verträgt.

Wissenswertes Interessanterweise sind die jungen Blätter von *Anthurium scherzerianum* besonders giftig. Die ganze Pflanze enthält zudem Kalziumoxalatnadeln, die bei Berüh-rung wie kleine Pfeile herausschießen und so zu Verletzungen der Haut führen können. Diese äußerlichen Verletzungen entzünden sich leicht, besonders im Bereich der Augen. Nach Genuss von Pflanzenteilen können Übel-keit, Erbrechen, Magen- und Darmbeschwer-den mit Durchfall und Krämpfen auftreten, im schlimmsten Fall gepaart mit Lähmungen. Für Tiere ist die Flamingoblume extrem gefährlich und führt bei Verzehr zum Tod.
Ungiftige Alternative Schamblume (*Ae-schynanthus radicans* 'Purple Star')

GIFTIGE PFLANZENTEILE

BLÜTEZEIT

| Jan | Feb | März | April | Mai | Juni | Juli | Aug | Sept | Okt | Nov | Dez |

Pfeifenwinde

Pfeifenwinde
Aristolochia macrophylla

Aussehen Die herzförmigen Blätter dieser Kletterpflanze, die wie Schindeln übereinander liegen, bilden einen guten Wandschutz. Ihre bräunlichen Blüten erinnern an Tabakspfeifen und können bis zu 30 cm groß werden. Die keulenförmigen Früchte erreichen Längen von bis zu 10 cm.

Standort Die mit rund 500 Vertretern artenreichen Pfeifenwinden kommen ursprünglich aus Nordamerika. Sie brauchen einen feuchten, lehmig-sandigen Boden in sonniger bis schattiger Lage. Der Fuß sollte wie bei allen *Clematis*-Arten (s. S. 124) beschattet sein, z. B. durch Polsterstauden. Für ausreichende Wasserzufuhr muss stets gesorgt werden, da wegen der großen Blattmassen viel Wasser

verdunstet. So entsteht das angenehme Kleinklima bei Fassadenbepflanzungen oder Sitzplatzumrankungen im Sommer.

Wissenswertes Die gesamte Pflanze, vor allem aber Wurzel und Samen, enthalten Aristolochiasäure und gelten als giftig bis stark giftig. Eine Vergiftung äußert sich durch Erbrechen, Magen- und Darmbeschwerden in Verbindung mit sinkendem Blutdruck und beschleunigtem Puls.
Da *Aristolochia macrophylla* sehr nach Aas riecht, um Fliegen als Befruchter anzulocken, kommt es zu keinen Verwechslungen mit essbaren Pflanzen.

Ungiftige Alternative Känguruwein *(Cissus antarctica)*

GIFTIGE PFLANZENTEILE

BLÜTEZEIT

| Jan | Feb | März | April | **Mai** | **Juni** | Juli | Aug | Sept | Okt | Nov | Dez |

Blütenbegonie (*Begonia-Elatior*-Gruppe)

Blattbegonie (*Begonia-Rex-Cultorum*-Gruppe)

Begonie, Schiefblatt
Begonia sp.

Aussehen Begonien gibt es in vielen verschiedenen Farben. Ihre fünfzähligen Blüten, deren Kelch- und Kronblätter gleich gestaltet sind, können weiß, rot, gelb, rosa bis hin zu orange gefärbt sein. Die hübschen Laubblätter sind in der Regel asymmetrisch, breit, gestielt und brechen leicht.

Standort Die Heimat der Begonien liegt in subtropischen Gebieten und den Regenwäldern. Dort gedeihen sie bis in Höhen von 4000 m. Sie lieben Schatten und eine hohe Luftfeuchtigkeit, dürfen aber auf keinen Fall greller Sonne ausgesetzt werden. Besonders schädlich ist dies für die Blattbegonien. Alle Begonien brauchen besonders humusreiche, leicht saure Böden und kalkfreies Wasser.

Wissenswertes Es gibt etwa 1400–1500 Begonienarten auf der Welt, unter ihnen sind sowohl giftige als auch ungiftige Arten. Zu den giftigen Vertretern gehören *Begonia gracilis* und *Begonia rex*, deren Hauptwirkstoffe Kalziumoxalate und Oxalsäure sind. Eine Vergiftung kann sich durch Reizung der Schleimhäute, vermehrte Harnausscheidung, Erbrechen und Durchfall zeigen. Blutiger Durchfall ist auch nach der Aufnahme von Teilen der Knollenbegonie zu erwarten, im schlimmsten Fall kann dies auch tödlich enden. Begonien sind zudem sehr giftig für alle Haustiere, ganz besonders für Meerschweinchen und Vögel.

Ungiftige Alternative Buntnessel *(Solenostemon scutellarioides)*

GIFTIGE PFLANZENTEILE

BLÜTEZEIT

Jan	Feb	März	April	Mai	Juni	Juli	Aug	Sept	Okt	Nov	Dez

Kreuzrebe

Kreuzrebe
Bignonia capreolata

Aussehen Die Kreuzrebe, die einzige Art innerhalb der Gattung *Bignonia*, gehört zur Familie der Trompetenbaumgewächse. Diese mehrjährige, immergrüne bis halbimmergrüne, schnell wachsende Rankpflanze kann bis zu 10 m hoch werden. An ihren großen, gegenständig angeordneten, glänzend grünen, oval zugespitzten bis lanzettlichen Blättern, die bis zu 18 cm lang werden können, ist sie gut zu erkennen. Sehr dekorativ sind die kurz gestielten, trompetenförmigen, rötlich braunen bis orangefarbenen Blüten.

Standort Die Kreuzrebe ist in den klimatisch begünstigten Regionen nördlich des Golfes von Mexiko bis an die atlantische Küste beheimatet. Sie wird bei uns als Kübelpflanze kultiviert und kann in milden Lagen, je nach Standort, sogar winterhart sein.

Wissenswertes *Bignonia capreolata* ist eine der charakteristischen Pflanzen im tropischen und subtropischen Amerika und gehört zu den Pflanzen, die als Lianen den Urwald undurchdringlich machen. Alle Trompetenbaumgewächse enthalten Naphthochinon-Derivate vom Typ Lapachol, die dem Vitamin K sehr ähneln. In Tests mit Rattenföten zeigten diese Substanzen toxische Eigenschaften. Daher ist nach dem Verzehr von Pflanzenteilen von einer starken Gefährdung für Nagetiere wie Hamster und Meerschweinchen auszugehen.

Ungiftige Alternative Manettie *(Manettia luteorubra)*

GIFTIGE PFLANZENTEILE

BLÜTEZEIT

Jan	Feb	März	April	Mai	Juni	Juli	Aug	Sept	Okt	Nov	Dez
	Feb	März	April	Mai							

Engelstrompete

Engelstrompete
Brugmansia sp.

Aussehen Diese Nachtschattengewächse bilden zwischen 2 und 5 m hohe Sträucher oder Bäume. Die Blätterform ist variabel, manche sind behaart, andere hingegen glatt. Die hängenden oder geneigten, 15–30 cm langen Blüten duften sehr stark oder riechen unangenehm. Die beerenartigen Früchte bilden je nach Art 100 – 300 Samen.
Standort Engelstrompeten, die aus den Anden Südamerikas stammen, sind in Europa als attraktive Kübelpflanzen weitverbreitet.
Wissenswertes Achtung, diese Pflanzen sind sehr giftig! Der Verzehr von Pflanzenteilen jeglicher Art kann einen äußerst raschen Tod zur Folge haben. Besonders die sehr giftigen Samen und Blüten stellen für Kinder eine immens große Gefahr dar, weil sie im unreifen Zustand süß schmecken. Schon 15–20 Samen sind für Kinder tödlich! Die Erstsymptome bei einer Vergiftung sind erweiterte Pupillen sowie trockene Schleimhäute im Mund- und Rachenbereich, woraus sich Schluck- und Sprachstörungen ergeben. 2–4 Stunden nach der Giftaufnahme können starke Halluzinationen, Weinkrämpfe und Rededrang, auch Bewusstlosigkeit auftreten, die mehrere Tage anhalten. Der Tod tritt durch Atemlähmung ein. Früher war die Engelstrompete wegen ihrer halluzinogenen Wirkung ein wichtiger Bestandteil der Hexensalben.
Ungiftige Alternative Hibiskus (*Hibiscus-rosa-sinensis-Hybriden*)

GIFTIGE PFLANZENTEILE

BLÜTEZEIT

Jan	Feb	März	April	Mai	Juni	Juli	Aug	Sept	Okt	Nov	Dez

Brunfelsie 'Macrantha'

Brunfelsie
Brunfelsia pauciflora

Aussehen Der 1–3 m hohe Strauch mit grau-brauner Rinde besitzt unbehaarte Blätter, die an den Zweigen verteilt oder als Gruppe an den Zweigspitzen stehen. Deren Oberseiten sind matt bis glänzend dunkelgrün, die Unterseiten hingegen hellgrün. Ihr endständiger oder (fast) aufsitzender Blütenstand besteht aus bis zu elf tief rotvioletten Blüten, die während der Blühphase zu einem sehr hellen Lavendelton oder zu Weiß verblassen. Zwischen Januar und März reifen die kugel- bis eiförmigen Kapseln mit glatter, hellgrüner Oberfläche. Jede Kapsel enthält 12–30 Samen.

Standort Ursprünglich aus dem Südosten Brasiliens stammend, kommt *Brunfelsia pauciflora* heute hauptsächlich im Bundesstaat Rio de Janeiro bis nach Santa Catarina vor. Man findet sie an schattigen Flussufern sowie in Schluchten und Wäldern auf feuchten, aber gut entwässernden Böden.

Wissenswertes In unseren Breiten wird diese Pflanze in Kübeln oder auf der Fensterbank kultiviert. Sie benötigt ab Oktober eine Kühlperiode mit Temperaturen um 15 °C, um die Blütenbildung anzuregen. Gegossen wird mit kalkarmem Wasser, die Blattaufhellungen bekommt man mit Eisenpräparaten in den Griff. Die Brunfelsie ist ein Nachtschattengewächs, deren Wurzeln die größte Toxizität aufweisen.

Ungiftige Alternative Prinzessinnenstrauch *(Tibouchina urvilleana)*

GIFTIGE PFLANZENTEILE

BLÜTEZEIT

Jan	Feb	März	April	Mai	Juni	Juli	Aug	Sept	Okt	Nov	Dez

Ballonrebe, Frucht

Ballonrebe, Samen

Ballonrebe
Cardiospermum halicacabum

Aussehen Die Ballonrebe ist eine ausdauernde Pflanze, die einjährig aus Samen kultiviert wird. Ihre Ranken werden bis zu 3 m lang, die fiederteiligen Blätter sind behaart, die Blüten unscheinbar weiß. Auffällig sind die ballonartigen Früchte, denen die Pflanze auch ihren Namen verdankt.

Standort Die Heimat dieser Pflanze liegt in Indien, heutzutage ist sie jedoch weltweit in den Tropen und Subtropen eingebürgert. Wegen ihrer auffälligen Erscheinung wird die Ballonrebe gern als Zierpflanze kultiviert, sie ist jedoch nicht winterhart.

Wissenswertes Aus der Ballonrebe wurden Saponine isoliert, die beim Schütteln mit Wasser einen seifenartigen Schaum bilden. Diese Saponine sind sehr giftig für Fische. Auch für den menschlichen Organismus sind sie schädlich, denn sie verursachen eine Beschädigung der Zellmembranen.

Wegen dieser Saponine wird die Ballonrebe in ihrer Heimat als schäumendes Waschmittel zur Reinigung von Haut und Kleidung verwendet. Man findet sie wegen ihrer hautberuhigenden Substanzen auch in pflegenden Lotionen und Cremes für beanspruchte Haut, die dadurch angenehm nussig duften. Südamerikanische Ureinwohner tragen aus den Samen der Ballonrebe hergestellte Armreife als Mittel gegen Schlangenbisse.

Ungiftige Alternative Kapwein *(Rhoicissus capensis)*

GIFTIGE PFLANZENTEILE

BLÜTEZEIT

Jan	Feb	März	April	Mai	Juni	Juli	Aug	Sept	Okt	Nov	Dez

Madagaskar-Immergrün

Madagaskar-Immergrün
Catharanthus roseus

Aussehen Die schalenförmigen, rund 4 cm großen Blüten sind rosa und in der Mitte rot gefärbt. In der Blütezeit bekommt sie ununterbrochen immer neue Blüten. Die immergrünen, eiförmigen Blätter glänzen.

Standort Die Heimat dieser Zimmerpflanze ist Madagaskar, doch findet man sie heutzutage in den Tropen als Zierpflanze. Dort ist sie teilweise auch verwildert und gilt mancherorts schon als lästig wucherndes Unkraut. Bei uns wird sie meist als Zier- und Topfpflanze gehalten, sie wächst aber auch sehr gut in Schalen im Garten.

Wissenswertes Das Madagaskar-Immergrün ist trotz seiner starken Giftigkeit eine wichtige industrielle Arzneipflanze, aus der die Alkaloide Vinblastin und Vincristin isoliert werden. Diese Alkaloide spielen als Zytostatika in der Krebstherapie eine wichtige Rolle, denn sie bewirken eine starke Senkung der weißen Blutkörperchenkonzentration im Blut. Daher werden Präparate dieser Pflanze erfolgreich bei der Behandlung von Leukämie eingesetzt. Beim Verzehr von Pflanzenteilen kommt es zu Erbrechen, Fieber, neuromuskulären und vegetativen Störungen, die zum Schlaganfall führen können. Vergiftungen können auch auftreten, wenn in verletzte Hautstellen (z. B. bei einer Schnittwunde) Pflanzenwirkstoffe eindringen.

Ungiftige Alternative Edellieschen (*Impatiens* sp.)

GIFTIGE PFLANZENTEILE

BLÜTEZEIT

Jan	Feb	März	April	Mai	Juni	Juli	Aug	Sept	Okt	Nov	Dez

Klivie

Blüten

Riemenblatt, Klivie
Clivia miniata

Aussehen Die Klivie bildet einen von dicken Blattscheiden eingehüllten Zwiebelstamm, der horstig und aufrecht ist. Die Pflanze kann bis zu 75 cm hoch werden. Ihre langen, grundständigen Blätter sind immergrün. Sie werden stets paarweise gebildet. Die radiären, glockenförmigen Blüte sind orangerot bis rot gefärbt und weisen einen gelben Schlund auf. Die runden bis ovalen Beeren sind reif rot.

Standort Die Heimat der Klivie liegt in der südafrikanischen Provinz Natal. Dort gedeiht sie in Tälern mit lehmigen bis humosen Böden. In Europa wurde sie etwa um das Jahr 1850 eingeführt. Heute ist sie eine beliebte Topf- und Zimmerpflanze, die trockene, eher schattige Standorte bevorzugt.

Wissenswertes Die Gattung *Clivia* wurde nach dem Mädchennamen (Lady Clive) einer Herzogin aus Northumberland/England benannt. Diese Pflanze enthält in Blättern und Wurzeln das Alkaloid Lycorin. Beim Verzehr treten Symptome einer Vergiftung mit Übelkeit, Erbrechen, erhöhtem Speichelfluss sowie Schweißausbrüche und Durchfall auf. Dabei kommt es auch zu Schädigungen der Nieren, bei starker Vergiftung können sogar Lähmungserscheinungen vorkommen. Auch der Kontakt mit der Pflanze kann äußerlich zu Reizungen der Haut führen. Die Klivie ist extrem tiergiftig.

Ungiftige Alternative China-Rose (*Rosa chinensis* 'Vatertag')

GIFTIGE PFLANZENTEILE

BLÜTEZEIT

| Jan | Feb | März | April | Mai | Juni | Juli | Aug | Sept | Okt | Nov | Dez |

Wunderstrauch

Wunderstrauch
Codiaeum variegatum

Aussehen Diese immergrüne tropische Pflanze wächst in der freien Natur als Strauch. Die Pflanze enthält einen farblosen, giftigen Milchsaft. Die wechselständigen Laubblätter sind einfach oder gebuchtet, lederig, kahl und oft sehr vielfarbig. Der schlanke, achselständige, traubige Blütenstand besteht aus fünfzähligen Blüten. Die Kapselfrüchte haben einen Durchmesser von etwa 9 mm.

Standort Die Heimat dieser Pflanze liegt im tropischen Malaysia. Da die Pflanze recht hohe Ansprüche an Luftfeuchtigkeit und Wärme hat, gedeiht sie am besten im ausgebauten Blumenfenster.

Wissenswertes Der Wunderstrauch ist einer der häufigsten Zimmerpflanzen in Mittel-europa. Alleine in Deutschland werden jedes Jahr etwa 300 000 Exemplare verkauft. Alle Pflanzenteile einschließlich des Milchsafts und der Samen sind giftig. Der giftige Inhaltsstoff Phorbolester ist ein starkes Reizmittel für Haut und Schleimhäute. Kontakt mit der Pflanze kann allergische Kontaktekzeme, Rötungen der Haut und Blasenbildung hervorrufen. Oral aufgenommen kommt es zu einem Brennen im Mund, weiterhin zu Erbrechen und Durchfall. Die Giftstoffe werden sehr gut bei der Darmpassage vom Körper aufgenommen und richten so weiteren Schaden an. So gilt diese Pflanze als krebserregend.

Ungiftige Alternative Schmalblättriger Klebsame *(Pittosporum tenuifolium)*

GIFTIGE PFLANZENTEILE

BLÜTEZEIT

Jan	Feb	März	April	Mai	Juni	Juli	Aug	Sept	Okt	Nov	Dez

![Palmfarn als Kübelpflanze]

Palmfarn als Kübelpflanze

Palmfarn
Cycas revoluta

Aussehen Der Palmfarn besitzt einen walzenförmigen Stamm, der bis zu 200 cm lang wird. Er wächst sehr langsam in großen Rosetten. Die Wedel stehen steif ab und sind einfach gegliedert. Meist dauert es 1–2 Jahre, bis sich ein neuer Blattkranz gebildet hat.

Standort Aus Südostasien stammend, sind Palmfarne sehr genügsame Zimmerpflanzen. Zwar fühlen sie sich im Hellen am wohlsten, gedeihen aber auch an einem etwas vom Fenster entfernten Platz immer noch gut.

Wissenswertes Die Pflanze erhielt ihren Namen aufgrund ihres palmen- und farnähnlichen Aussehens. *Cycas*, der botanische Gattungsname, ist die griechische Bezeichnung einer Palme. *Cycas revoluta* ist aber weder ein Farn noch eine Palme, sondern eines der wenigen Gewächse, die aus den Urzeiten unserer Erdgeschichte übrig geblieben sind.
Besonders giftig sind ihre Samen und Wurzeln. Die Pflanze enthält den Wirkstoff Cycasin. Eine Vergiftung nach Verzehr zeigt sich durch Erbrechen und blutigen Durchfall, Krämpfe sowie Schwächeanfälle. Starke Vergiftungen führen zu Komazuständen und schweren Leberschäden. Besonders giftig ist der Palmfarn für Hunde und Katzen. Daher sollte man in Haushalten mit Katzen auf einen Palmfarn verzichten, da diese gerne daran „grasen" und sich dadurch sehr schnell vergiften können.

Ungiftige Alternative Kanarische Dattelpalme *(Phoenix canariensis)*

GIFTIGE PFLANZENTEILE

Die Pflanze bildet keine Blüten aus.

Blühende Zimmer-Alpenveilchen

Persisches Alpenveilchen
Cyclamen persicum

Aussehen Das Persische oder Zimmer-Alpenveilchen besitzt herzförmige Blätter, die aus einer meist unterirdischen, fleischigen und runden Sprossknolle emporwachsen. Die Blüten sind weiß oder purpurfarben.

Standort Alpenveilchen sind Pflanzen für kühle Räume. Sie lieben Temperaturen von 13–16 °C, einen hellen bis halbschattigen Standort und eine hohe Luftfeuchtigkeit. Ideal sind daher ein kalter Wintergarten sowie ein Nord- oder Ostfenster im Treppenhaus, sofern der Platz vor Zugluft geschützt ist.

Wissenswertes Das Persische Alpenveilchen ist eine sehr beliebte Topfpflanze. Trotz ihres Namens hat diese Pflanzenart allerdings nichts mit den Alpen zu tun. Die Heimat der bekannten Zimmerpflanze liegt in den bergigen, trockenen Regionen Kleinasiens. Von dort kam sie im 17. Jahrhundert nach Westeuropa. Früher benutzte man die in der Pflanze enthaltenen Inhaltsstoffe als Fischgift. Da *Cyclamen persicum* in vielen Haushalten zu finden ist, können Vergiftungen bei Kleinkindern und Haustieren vorkommen. Die sehr bitteren Knollen sind die giftigsten Pflanzenteile. Der Verzehr von 8 g reichen aus, um einen Menschen zu töten. Nach dem Verzehr kommt es zu Übelkeit, Erbrechen, Durchfall, heftigen Magenschmerzen, Kreislaufproblemen und schließlich zum Tod durch Atemstillstand.

Ungiftige Alternative Crossandra (*Crossandra* sp.)

GIFTIGE PFLANZENTEILE

BLÜTEZEIT

Jan	Feb	**März**	**April**	Mai	Juni	Juli	Aug	Sept	Okt	Nov	Dez

Vallota

Blüten

Vallota
Cyrtanthus elatus

Aussehen Die Vallota ist ein bis zu etwa 1 m großes Zwiebelgewächs. Ihre Blätter sind schmal, dunkelgrün und riemenförmig. Die sechs scharlachroten, manchmal auch weißen oder pinkfarbenen Blütenblätter sind trichterförmig angeordnet und am Grunde verwachsen.

Standort Beheimatet ist *Cyrtanthus elatus* im südlichen Afrika. Dort wächst diese Pflanze sowohl in niederschlagsarmen Regionen als auch entlang von Bächen und Flüssen. Für die Zimmerkultur sollte eine Mischung aus Blumenerde, Sand und Tonkügelchen als Substrat gewählt werden. Die Vallota bevorzugt einen sonnigen Standort. Sie kann auch völlige Trockenheit vertragen, wächst aber besser, wenn sie stets feucht gehalten wird. Dann behält sie auch stets ihre Blätter.

Wissenswertes Diese Pflanze wurde im 18. Jahrhundert von Seefahrern aus dem heutigen Südafrika nach Europa gebracht. Gelegentlich wird die Vallota im Handel unter dem Namen Amaryllis angeboten. Zwar stammt die Amaryllis oder Belladonnlilie *(Amaryllis bella-donna)* ebenfalls aus Südafrika, hat aber mit dieser Pflanze nur die Familienzugehörigkeit gemeinsam.

Die Vallota enthält das Alkaloid Zephyranthin, welches für einen erwachsenen Menschen schwach giftig, aber für Kleinstkinder und Haustiere aufgrund seiner Giftwirkung sehr gefährlich sein kann.

GIFTIGE PFLANZENTEILE

BLÜTEZEIT

| Jan | Feb | März | April | **Mai** | **Juni** | **Juli** | Aug | Sept | Okt | Nov | Dez |

Weißbunte Form der Dieffenbachie

Dieffenbachie
Dieffenbachia seguine

Aussehen Diese kräftige, mehrjährige Pflanze kann bis zu 2 m hoch werden. Ihre großen Blätter sind gelb oder weißlich gefleckt.

Standort Die Dieffenbachie kommt ursprünglich aus den Tropen Amerikas. Sie ist in zahlreichen Kulturformen und als Hybriden in vielen Blumengeschäften erhältlich.

Wissenswertes Spezialisierte Zellen in Blättern und anderen Geweben der Dieffenbachie enthalten Raphiden. Das sind nadelförmige Oxalatkristalle, die bei Druck herausschießen und so in die Haut gelangen können. *Dieffenbachia seguine* wurde früher bei der Folterung von Sklaven eingesetzt. Durch das Kauen von Stängelteilen schwillt die Zunge an, so dass die Betroffenen nicht mehr sprechen können.

In der Volksmedizin kamen Präparate dieser Pflanze zur Behandlung von Krebs und diversen Hautkrankheiten zum Einsatz.
Dieffenbachien sind sehr giftig. Eine Dosis von etwa 600 mg pro kg Körpergewicht ist für Menschen tödlich, dass entspricht ungefähr 3–4 g Blätter. Meerschweinchen sterben schon nach der Gabe von 0,6–0,9 g Stängelsaft. Vergiftungssymptome sind zunächst starke Entzündungen und Anschwellungen im Mund- und Rachenraum sowie in der Speiseröhre. Weiterhin tritt etwa 1 Stunde nach der Aufnahme Übelkeit auf, kurz danach kann der Tod durch Herzstillstand oder Nierenschäden eintreten.

Ungiftige Alternative Pfauen-Korbmaranthe *(Calathea makoyana)*

GIFTIGE PFLANZENTEILE

BLÜTEZEIT

| Jan | Feb | März | April | **Mai** | **Juni** | Juli | Aug | Sept | Okt | Nov | Dez |

Elefantenfuß

Elefantenfuß

Elefantenfuß
Dioscorea elephantipes

Aussehen Die oberirdischen, rindenförmigen Knollen dieser sukkulenten Pflanze werden in der freien Natur bis zu 1 m groß und erreichen ein Alter von mehreren hundert Jahren.
Standort Ursprünglich stammt der Elefantenfuß aus dem Süden Afrikas, doch mittlerweile wird er von zahlreichen Sukkulenten-Liebhabern auf der ganzen Welt kultiviert. Am besten gelingt die Kultur dieser pflegeleichten Pflanze im Warmhaus, in einer durchlässigen Mischung aus Garten- und Komposterde. *Dioscorea elephantipes* braucht unbedingt eine strikte Winterruhe zum Gedeihen.
Wissenswertes Der Elefantenfuß gilt als völlig unkomplizierte Zimmer- und Kübelpflanze, die sogar für Menschen ohne „grünen

Daumen" geeignet ist. Sie ist anspruchslos und übersteht auch längere Trockenzeiten unbeschadet. Bei ungünstigen Lebensbedingungen zieht sie die Nährstoffe aus den Blättern und lagert sie im Pflanzenkörper ein. Früher wurde der Elefantenfuß in seiner Heimat als Nahrung genutzt. Daher stammt der Name Hottentottenbrot. Wie bei den anderen Familienmitgliedern der essbaren Yams-Gewächse wurden die Wurzeln mehrere Tage gewässert, um die wasserlöslichen Giftstoffe zu entfernen. Diese Giftstoffe besitzen blutauflösende Eigenschaften, d. h. sie zerstören die roten Blutkörperchen.
Ungiftige Alternative Speckbaum *(Portulacra afra)*

GIFTIGE PFLANZENTEILE

Die Pflanze bildet normalerweise in Kultur keine Blüten aus.

Junger Drachenbaum

Älterer, vielkroniger Drachenbaum

Drachenbaum
Dracaena sp.

Aussehen Von den Drachenbäumen sind um die 150 Arten bekannt. Drachenbäume besitzen einen verholzten Stamm, der verzweigt oder unverzweigt sein kann, und eine Wuchshöhe von bis zu 20 m erreicht. Die un- oder kurz gestielten Laubblätter sind meist schwertförmig. Eine Besonderheit sind die zwittrigen Blüten, die nachts blühen und einen angenehmen Duft verströmen. Daraus entwickeln sich orange bis purpurfarbene Beeren.

Standort Die Gattung ist in den Tropen und Subtropen sehr weit verbreitet. Die meisten Arten stammen aus den Tropen Asiens und Afrikas. Der Drachenbaum gehört zu den wenigen Zimmerpflanzen, die auch für dunkle Plätze geeignet sind.

Wissenswertes Viele *Dracaena*-Arten sind als Zimmerpflanzen beliebt, dazu gehören etwa *D. fragans* und *D. marginata*. Beschädigte oder abgebrochene Triebe bilden meist zwei neue Triebe aus. Daher rührt auch der Name Drachenbaum, denn in einer Sage wird von einem Drachen berichtet, dem nach dem Abschlagen seines Kopfes mehrere nachwachsen. Der rote Pflanzensaft, der bei Verletzungen austritt, wurde als Drachenblut interpretiert. Drachenbäume sind leicht giftig für Hunde und Katzen, ebenso auch für Hasen und Kaninchen.

Ungiftige Alternative Kokospälmchen *(Microcoelum weddelianum,* syn. *Lytocaryum weddellianum)*

GIFTIGE PFLANZENTEILE

BLÜTEZEIT

| Jan | Feb | März | April | Mai | Juni | Juli | Aug | Sept | Okt | Nov | Dez |

Christusdorn

Christusdorn
Euphorbia milii

Aussehen Der Christusdorn, ein Wolfsmilch-gewächs, ist ein aufrechter Halbstrauch mit dicken, stark bedornten Trieben. Die eiförmi-gen, halbimmergrünen Blätter sind bis zu 7 cm groß. Die kleine, gelbe Blüte ist von zwei roten Hochblättern umgeben.

Standort Diese sukkulente Pflanze ist im subtropischen Madagaskar beheimatet, wo sie auf Gneisfelsen in Wäldern vorkommt.

Wissenswertes Der Christusdorn erhielt seinen deutschen Namen, da seine dornigen Zweige an die biblische Dornenkrone Jesu erinnern. Dass Zweige dieser Pflanze dereinst tatsächlich das Haupt Christi umgaben, ist völlig auszuschließen, denn zum einen war Madagaskar um die Zeitenwende praktisch unzugänglich, zum anderen wurde die Art erst im 19. Jahrhundert exportiert. Heutzutage ist der Christusdorn eine sehr beliebte, weil pfle-geleichte Pflanze, an der wegen des giftigen Milchsaftes Schädlinge äußerst selten zu fin-den sind. Nach Aufnahme von Pflanzenteilen können Kopfschmerzen und Benommenheit auftreten, zudem kann es zum Schock und zu Schädigungen der Nieren kommen. Direkter Hautkontakt löst Reizungen und Rötungen aus. Der Christusdorn ist auch giftig für Hunde und Katzen sowie für sämtliche Nager. Kom-men die Augen der Tiere mit dem Milchsaft in Berührung, so können diese erblinden.

Ungiftige Alternative Blattkaktus *(Nopalxochia phyllanthoides)*

GIFTIGE PFLANZENTEILE

BLÜTEZEIT

| Jan | Feb | März | April | Mai | Juni | Juli | Aug | Sept | Okt | Nov | Dez |

Weihnachtsstern

Weihnachtsstern
Euphorbia pulcherrima

Aussehen Dieses aufrechte Wolfsmilchge-
wächs kann bis zu 3 m hoch werden. Die an
den Triebenden rosettig stehenden, bläulich
grün gefärbten Blätter sind eiförmig zugespitzt. Die Blüte ist eher unscheinbar. Auffällig
sind allerdings die sternförmig wachsenden
Hochblätter in Rot, Lachs oder Weiß. Aus
Wunden tritt Milchsaft aus.

Standort In Südmexiko und Mittelamerika
beheimatet, sollte der Weihnachtsstern im
Raum an einem hellen, nicht zu sonnigen
Platz bei ungefähr 18 °C stehen.

Wissenswertes Meist wird der Weihnachtsstern nach den Festtagen weggeworfen. Eine
mehrjährige Kultur ist aber auch sehr einfach
möglich, wenn man die Pflanzen im März
zurückschneidet und in frische Erde umtopft.
Das erneute Aufblühen erreicht man durch
herbstliches Abdecken der ganzen Pflanze.
Der Milchsaft enthält stark hautreizende Di-
terpene. In den meisten handelsüblichen
Zuchtformen konnten diese hautreizenden
Substanzen weggezüchtet werden. Durch
den Verzehr von Blättern kann es zu Vergiftungen kommen. Erbrechen, Durchfall und
erhöhte Temperatur sind Symptome einer
solchen Vergiftung. Tiere reagieren auf die
giftigen Inhaltsstoffe empfindlicher als Menschen. So kann der Verzehr von Pflanzenteilen
bei kleineren Tieren auch zum Tod führen.

Ungiftige Alternative Weihnachtskaktus
(Schlumbergera × buckleyi)

GIFTIGE PFLANZENTEILE

BLÜTEZEIT

| Jan | Feb | März | April | Mai | Juni | Juli | Aug | Sept | Okt | Nov | Dez |

Birkenfeige

Birkenfeige
Ficus benjamina

Aussehen Die Birkenfeige wächst als immergrüner Strauch oder Baum, der am natürlichen Standort Wuchshöhen von bis zu 8 m erreicht. Die Borke ist hellgrau und glatt. Die wechselständigen, einfachen Blätter dieser recht kleinblättrigen Feigenart besitzen einen bis zu 2,5 cm langen Blattstiel. Das junge Laub ist hellgrün und etwas gewellt, ältere Blätter sind grün und glatt. Die Pflanze führt einen weißen Milchsaft.

Standort Diese Pflanze ist in Nepal, im nördlichen Indien, in Bangladesh, Burma, im südlichen China und nördlichen tropischen Australien beheimatet. Sorten dieser Art werden im gesamten Tropengürtel als Zierpflanze an Straßen, in Parks und Gärten angepflanzt.

Dort kommen sie auch verwildert vor. Auch als Zimmerpflanzen sind die Art und ihre Sorten beliebt. Die Birkenfeige benötigt einen hellen bis sehr hellen Standort. Bei zu wenig Licht kümmert sie und ist anfällig für kleinste Pflegefehler oder Standortveränderungen, welche massiven Laubabwurf zur Folge haben.

Wissenswertes *Ficus*-Arten wie die Birkenfeige sind schwach giftig. Der Verzehr aller Pflanzenteile führt zu Übelkeit, Erbrechen und Durchfall. Bei Menschen mit einer Latexallergie kann es insbesondere bei Kontakt mit dem Milchsaft zu allergischen bis hin zu anaphylaktischen Reaktionen kommen.

Ungiftige Alternative Zimmeresche *(Radermachera sinica)*

GIFTIGE PFLANZENTEILE

Die Pflanze bildet normalerweise in Kultur keine Blüten aus.

Gummibaum *(Ficus elastica)*

Geigen-Feige *(F. lyrata)*

Gummibaum
Ficus sp.

Aussehen Zur Gattung *Ficus* werden rund 1000 Arten gezählt, die verholzt als Sträucher oder Bäume sowie auch als krautige Pflanzen wachsen. Alle Pflanzen führen einen weißen Milchsaft und besitzen ganzrandige Blätter, die wechselständig stehen.

Standort Die Heimat der *Ficus*-Arten sind die Tropen und Subtropen. Weltweit werden sie zudem als Zimmerpflanzen kultiviert. Die bekanntesten sind der Gummibaum *(F. elastica)*, die Echte Feige *(F. carica)*, die Birkenfeige *(F. benjamina*, s. S. 36) und die in Büros recht häufig anzutreffende Geigen-Feige *(F. lyrata)*.

Wissenswertes *Ficus*-Arten sind allergen wirkende Pflanzen. Als Allergieauslöser wirken die Proteine im Milchsaft. Diese gelangen stets auch an die Blattoberfläche und binden sich dort an Staubpartikel. In Räumen mit *Ficus*-Arten sind die allergenen Substanzen daher auch im Hausstaub präsent. Für Katzen und Hunde hingegen sind alle *Ficus*-Arten giftig. Vergiftung zeigt sich in Erbrechen, Durchfall und Schleimhautreizungen. So kann ein Zwerghase schon nach dem Verzehr von drei bis vier Blättern von *F. pumila* sterben. Vögel zeigen sehr unterschiedliche Reaktionen. Man sollte die Pflanzen daher stets außerhalb der Reichweite von Vögeln aufstellen, denn Lähmungen und auch deren Tod sind nicht auszuschließen.

Ungiftige Alternative Pavonie *(Triplochlamys multiflora*, syn. *Pavonia multiflora)*

GIFTIGE PFLANZENTEILE

Die Pflanze bildet normalerweise in Kultur keine Blüten aus.

Ruhmeskrone

Blüten

Ruhmeskrone
Gloriosa superba

Aussehen Die Ruhmeskrone ist eine Knollenpflanze mit weitverzweigten, fingerförmigen Rhizomen. Die aufrechten Sprosse tragen dunkelgrüne, glänzende Blätter, deren Spitzen zu rankenförmigen Halteorganen ausgebildet sind. Aus den Blüten entwickeln sich Kapseln, die beim Aufplatzen orangefarbene Samen freigeben.
Standort In Afrika und Indien weitverbreitet, wird die Ruhmeskrone bei uns als Zierpflanze kultiviert. Sie bevorzugt sonnige, warme Standorte. Wegen ihres Rhizoms kann sie auch lange Trockenperioden überleben.
Wissenswertes Diese Pflanze ist tödlich giftig. Familien mit Kindern sollten sie auf keinen Fall kultivieren!

In Afrika wurde die Ruhmeskrone zur Gewinnung von Colchicin angebaut. Dieser Stoff wird aus den Rhizomen und Samen extrahiert. Die tödliche Dosis von Colchicin liegt beim Menschen bei 10–20 mg. Eine Vergiftung nach Verzehr fängt mit Übelkeit an, gefolgt von wässrigem und blutigem Durchfall. Die Einnahme einer tödlichen Dosis führt innerhalb von wenigen Tagen zum Tod durch Atem- und Herzversagen. *Gloriosa* wurde auch mit Todesfällen durch versehentlichen Verzehr, Selbstmord und Mord, aber auch mit Abtreibungen in Verbindung gebracht. Die knollenartigen Rhizome sind leicht mit Süßkartoffeln zu verwechseln.
Ungiftige Alternative Passionsblume *(Passiflora)*

GIFTIGE PFLANZENTEILE

BLÜTEZEIT

Jan	Feb	März	April	Mai	Juni	Juli	Aug	Sept	Okt	Nov	Dez

Ritterstern

Zwiebeln

Ritterstern, Amaryllis
Hippeastrum sp.

Aussehen Die Laubblätter des Rittersterns, einem Zwiebelgewächs, sind schmal geformt, die trichterförmigen, nickenden Blüten rot, rosa und weiß gefärbt, können aber auch Streifenmuster aufweisen. Die bis zu 12 cm im Durchmesser messenden Blüten stehen zu mehreren an einem 50–90 cm langen Stiel.

Standort Die Pflanze kommt natürlicherweise in den peruanischen Anden, in Südafrika und Südamerika vor. Im Zimmer kultiviert, sind die üblichen Raumtemperaturen ideal für den Austrieb. Eine möglichst lange Blühphase erhält man bei Temperaturen zwischen 15 und 20 °C.

Wissenswertes Der Gattungsname *Hippeastrum* setzt sich aus dem griechischen Wort hippeus für Ritter und dem lateinischen Wort astrum für Stern zusammen. Rittersterne enthalten vorwiegend in der Zwiebel und den Samen, aber auch in anderen Pflanzenteilen verschiedene stark giftige Alkaloide. Der Hauptwirkstoff ist das Lycorin. Nach Verzehr treten Übelkeit und Erbrechen, starker Schweißausbruch, erhöhter Speichelfluss, Benommenheit und Durchfall auf. Es kann auch zur Schädigung der Nieren sowie zu Lähmungserscheinungen kommen. Bei Hautkontakt mit der Pflanze können sich Reizungen einstellen. Familien mit Kindern sollten daher auf einen Ritterstern verzichten, auch da die Samen zum Essen einladen. Auch für Haustiere ist diese Pflanzenart giftig.

GIFTIGE PFLANZENTEILE

BLÜTEZEIT

| Jan | Feb | März | April | Mai | Juni | Juli | Aug | Sept | Okt | Nov | Dez |

Prunkwinde

Prunkwinde
Ipomoea sp.

Aussehen Die einjährigen Prunkwinden gehören zu den Kletterpflanzen. Die auffälligen Blüten öffnen sich von Juli bis September morgens und verblühen im Laufe eines Tages. Die wechselständigen, zwischen 12 und 15 cm großen Blätter sind wie ein Herz geformt. Die länglichen Samen sind dunkelgrün oder schwarz.

Standort Beheimatet ist diese Pflanze im tropischen Amerika. In Mexiko ist sie als Zierpflanze weit verbreitet. In Kultur sollte der Boden durchlässig und nährstoffreich sein. Die Prunkwinde braucht einen vollsonnigen, geschützten Platz.

Wissenswertes Mexikanische Indianer verwendeten Teile der Prunkwinde bei rituellen Handlungen und zu Orakelzwecken. Die zerkleinerten Samen wurden in Pulque und Tepache eingeweicht, so entstand nach dem Abseihen ein berauschendes Getränk. Dieses führt zu hypnotischen Zuständen, in dem die Indianer Kontakt mit den Verstorbenen aufgenommen und Visionen erhalten haben. Die halluzinogene Wirkung von Samen und Samenextrakten ähnelt derjenigen von LSD, ist jedoch etwas schwächer. Durch die Einnahme der Samen kommt es zu Übelkeit, Erbrechen und Schwächezuständen. Bei zu hoher Dosis kann sogar ein oft tödlich endender Atemstillstand erfolgen.

Ungiftige Alternative Kap-Bleiwurz *(Plumbago auriculata)*

GIFTIGE PFLANZENTEILE

BLÜTEZEIT

Jan	Feb	März	April	Mai	Juni	Juli	Aug	Sept	Okt	Nov	Dez

![Flammendes Kätchen]

Flammendes Kätchen

Flammendes Kätchen
Kalanchoe blossfeldiana

Aussehen Das Flammende Kätchen ist eine mehrjährige, sukkulente Pflanze, die selten höher als 30 cm wird. Die einfachen, dunkelgrünen Blätter sind leicht fleischig. Daher verdunstet die Pflanzen relativ wenig Wasser.

Standort *Kalanchoe blossfeldiana* stammt aus Madagaskar. Sie gehört zu den wenigen Zimmerpflanzen, die man problemlos über der Heizung kultivieren kann. Sie mögen es sehr hell, auch in der vollen Sonne. Wird sie zu reichlich gegossen, neigt das Flammende Kätchen zum Faulen.

Wissenswertes Den deutschen Namen Flammendes Kätchen verdankt die Pflanze den roten Blüten der allerersten Sorte, von denen sich bis zu 500 an einer Pflanze befin-

den. Heute sind Sorten in vielen Farben erhältlich, deren Farbpalette von Rot, Gelb und Orange über Weiß bis hin zu Rosa- und Lilatönen reicht.

Alle Wildarten der Kalanchoe sind giftig, während die neuen Zuchtformen als gering giftig gelten. Dennoch kann es beim Verzehr von Pflanzenteilen zu Übelkeit und Erbrechen kommen. Sehr giftig ist die *Kalanchoe*, ob Zucht- oder Wildform, für Katzen. Nach Verzehr leiden die Tiere unter Atembeschwerden, Schüttelkrämpfen und Lähmungserscheinungen. Deshalb ist allen Katzenbesitzern von der Kultivierung dieser Pflanze abzuraten.

Ungiftige Alternative Pentas *(Pentas lanceolata)*

GIFTIGE PFLANZENTEILE

BLÜTEZEIT

| Jan | Feb | März | April | Mai | Juni | Juli | Aug | Sept | Okt | Nov | Dez |

Wandelröschen in Gelb

Mehrfarbiger Blütenstand

Wandelröschen
Lantana camara

Aussehen Das Wandelröschen hat hübsche Blüten, deren Farbe sich mit der Zeit wandelt. Meist werden sie von Tag zu Tag dunkler. Da viele verschieden alte Blüten in einem Blütenstand zusammenstehen, entstehen so auffällig mehrfarbige Blütenköpfchen.

Standort Die Heimat des Wandelröschens liegt in Südamerika. Heutzutage ist sie überall in den Tropen eingebürgert. Die pflegeleichte Kübelpflanze liebt volle Sonne oder hellen Halbschatten.

Wissenswertes Ihre wahre Schönheit erreichen Wandelröschen erst als mehrjährige Kübelpflanzen. Bei jährlichem, kräftigem Rückschnitt im Frühjahr und mehrmaligem Entspitzen während des Sommers werden die Kronen jedes Jahr größer und schmücken sich mit immer mehr Blüten, aus denen sich schwarze Beeren entwickeln. Die ganze Pflanze ist giftig, besonders die Früchte. Hauptwirkstoffe sind Lantaden A und B, Icterogenin sowie weitere Triterpene. Die Symptome bei Vergiftung ähneln denen bei einer Vergiftung mit Tollkirschen (s. S. 70). Einige Tierarten fressen trotzdem schadlos Bestandteile dieser Pflanze. So spielt der Samen des Wandelröschens z. B. im Nahrungsspektrum der Dunklen Kuckuckstaube eine Rolle, obwohl die Pflanze in Australien, dem Lebensraum dieser Taube, nicht heimisch ist, sondern eingeführt wurde.

Ungiftige Alternative Jakobinie *(Justicia rizzinii)*

GIFTIGE PFLANZENTEILE

BLÜTEZEIT

Jan	Feb	März	April	Mai	Juni	Juli	Aug	Sept	Okt	Nov	Dez

Fensterblatt

Fensterblatt
Monstera sp.

Aussehen Das Fensterblatt hat große, stark eingeschnittene, lang gestielte Blätter. Diese werden 40–120 cm lang.

Standort Die Heimat dieser Pflanze liegt in Mexiko. Da die Pflanze sehr robust ist, wird sie sehr gern in Büroräumen verwendet. Der Standort sollte halbschattig sein, sie benötigt zudem eine recht hohe Luftfeuchtigkeit.

Wissenswertes Den wissenschaftlichen Gattungsnamen *Monstera* erhielt die Pflanze wegen ihrer großen Blätter. Alle *Monstera*-Arten enthalten Scharfstoffe, ähnlich dem Aronstab, sowie Kalziumoxalatnadeln. Bei Berührung der Pflanze können diese Nadeln zusammen mit Giftstoffen herausschießen und so zu Hautverletzungen führen. Diese entzünden sich gern, ebenso die Augen bei Kontakt. Nach dem Verzehr von Pflanzenteilen weisen Symptome wie Reizungen der Schleimhäute und der Zunge mit Anschwellen und Brennen auf eine Vergiftung hin. In diesem Zusammenhang treten Schluckbeschwerden und Sprechschwierigkeiten auf. Weitere Symptome sind Übelkeit, Erbrechen sowie Magen- und Darmbeschwerden.

Das Fensterblatt ist auch für unsere Haustiere giftig. Hunde, Katzen, Nager (Hasen, Kaninchen etc.) sowie Vögel zeigen nach Verzehr Symptome wie starken Speichelfluss, Erbrechen, Durchfall und auch Schluckbeschwerden.

Ungiftige Alternative Sicheldorn-Spargel *(Asparagus falcatus)*

GIFTIGE PFLANZENTEILE

BLÜTEZEIT

| Jan | Feb | März | April | Mai | Juni | Juli | Aug | Sept | Okt | Nov | Dez |

Rosa Oleander

Oleander, Rosenlorbeer
Nerium oleander

Aussehen Der kräftige, bis zu 6 m hohe Strauch hat längliche, ledrige Blätter. Die verschiedenen Kulturformen haben rosa, weiße oder gelbe Blüten. Die braune Balgfrucht besitzt viele behaarte Samen.

Standort Beheimatet ist der Oleander im Mittelmeergebiet bis nach Westchina. Er wird bei uns als Kübelpflanze kultiviert.

Wissenswertes Oleanderblätter sowie daraus zubereiteter Tee wurden volksmedizinisch bei Herzbeschwerden eingesetzt. Sie kamen ebenfalls bei der Behandlung von Krätze und Hautausschlag zum Einsatz sowie bei Abtreibungen.

Die gesamte Pflanze ist sehr giftig. Selbst Grillfleisch, das auf Oleanderholzspießen zubereitet oder mit dem Rauch von Feuern aus Oleanderholz oder -blättern in Kontakt kam, kann bei Verzehr zu einer starken Vergiftung führen. Hunde dürfen nicht mit Oleanderholz Stöckchenwerfen spielen!

Die Aufnahme von Extrakten oder 4 g frischem Pflanzenmaterial (etwa drei bis vier Blätter) kann zum Tod führen. Nach dem Verzehr kommt es zunächst zu einem Taubheitsgefühl der Zunge und des Rachens, zu Übelkeit, Krämpfen, geistiger Verwirrung und Sehstörungen. Darauf folgt eine verlangsamte Atmung mit niedrigem Puls. Der Tod tritt 2–5 Stunden nach dem Verzehr ein.

Ungiftige Alternative Schönmalve (*Abutilon* sp.)

GIFTIGE PFLANZENTEILE

BLÜTEZEIT

Jan	Feb	März	April	Mai	Juni	Juli	Aug	Sept	Okt	Nov	Dez

Zier-Tabak *(Nicotiana × sanderae)*

Tabak
Nicotiana sp.

Aussehen Virginischer Tabak *(Nicotiana tabacum)*, der am meisten für die Nutzung als Genussdroge angebaut wird, ist eine einjährige, bis zu 3 m hohe Pflanze mit rötlichen Blüten. Die zweite Tabakart, die ebenfalls als Genusspflanze eine Rolle spielt, ist der Bauern-Tabak *(N. rustica)*. Er bleibt mit bis zu 1,5 m Höhe kleiner als *N. tabacum*, seine Blüten sind gelblich grün. Der Zier-Tabak *(N. × sanderae)* ist eine pflegeleichte, einjährige Sommerblume mit weißen bis roten Blüten.

Standort Tabak wurde in Amerika entdeckt und von dort nach Europa gebracht, wo er heutzutage auch angebaut wird.

Wissenswertes Der Tabak wurde im Jahr 2009 zur Giftpflanze des Jahres gewählt. Nikotin entsteht erst während des Pflanzenwachstums in der Wurzel. Von dort wird es in Sprossachse und Blätter transportiert, wo es sich anreichert. Daher ist die ganze Pflanze, mit Ausnahme der Samen, stark giftig. Zu versehentlichen Vergiftungen mit Tabak kommt es selten, dagegen wird er sehr oft bei Selbstmord verwendet. Hohe Dosen, die letale Dosis für einen Erwachsenen beträgt 40–60 mg pro kg Körpergewicht, führen zu Krämpfen und raschem Tod durch Atemstillstand, bei Kindern reicht schon ein Zehntel dieser Dosis. Das im Tabak enthaltene insektengiftige Nikotin wurde lange Zeit als Insektizid genutzt.

Ungiftige Alternative Topf-Gerbera *(Gerbera jamesonii)*

GIFTIGE PFLANZENTEILE

BLÜTEZEIT

| Jan | Feb | März | April | Mai | Juni | Juli | Aug | Sept | Okt | Nov | Dez |

Baumfreund *(Philodendron scandens)*

Baumfreund
Philodendron sp.

Aussehen Die meisten *Philodendron*-Arten sind Kletterpflanzen. Eine Ausnahme ist der Baum-Philodendron *(Philodendron bipinnatifidium)*. Die Blattformen sehen je nach Art und Alter der Pflanze verschieden aus, manche sind herz-, andere pfeilförmig oder auch tief eingeschnitten.

Standort Die *Philodendron*-Arten stammen aus dem tropischen Amerika.

Wissenswertes Der Umstand, dass die Pflanze in der freien Natur an Bäumen emporklettert, gab ihr den botanischen Namen. Alle Philodendronarten enthalten aroinähnliche Scharfstoffe und Kalziumoxalat, das durch spezielle Schießzellen die Haut verletzen kann. Äußerlich haben diese Giftstoffe eine reizende Wirkung auf die betroffenen Hautpartien und Augen. Nach dem Verzehr kommt es zum Anschwellen von Mundschleimhäuten und Zunge. Auch Übelkeit, Erbrechen und Magen-Darmbeschwerden mit Durchfall können auftreten. *Philodendron* ist auch giftig für Hunde und Katzen, Hasen und Kaninchen, vermutlich auch für andere Nager wie Meerschweinchen und Hamster. Auch für Vögel ist eine Giftwirkung nachgewiesen. Vergiftungserscheinungen bei Tieren zeigen sich in starkem Speichelfluss, Erbrechen, Durchfall, Zittern und Unruhe. Bei Katzen kann es zu Nierenschäden kommen.

Ungiftige Alternative Meertraubenbaum *(Coccoloba urifera)*

GIFTIGE PFLANZENTEILE

Die Pflanze bildet normalerweise in Kultur keine Blüten aus.

Becherprimel

Becherprimel
Primula obconica

Aussehen Die weiß, rosa oder rot gefärbten Blüten mit dem becherförmigen Kelch stehen in Dolden. In ihrer Heimat blüht die Becherprimel zwischen Juni und Juli, bei uns dagegen das ganze Jahr über.

Standort Die Heimat der Pflanze ist China. Bei uns ist sie eine beliebte Zierpflanze.

Wissenswertes Alle Pflanzenteile, vor allem die Drüsenhaare, sind giftig. Schon seit über 100 Jahren ist die Becherprimel als Auslöser von Allergien bekannt. Die Wildform der Pflanze enthält vor allem Primin, das mit zu den stärksten Kontaktallergenen in der Natur gehört. Schon ab einem Gehalt von 0,1 % Primin tritt zwingend eine Hautreizung auf. Nach dem ersten Kontakt mit der Pflanze entsteht oft eine stumme Sensibilisierung. Ist der Körper erst einmal sensibilisiert, kann eine Dermatitis auch durch Kontakt mit anderen Primelarten verursacht werden. Dieses Gift wirkt zudem stark entzündlich auf die Haut. So kommt es bei Pflegearbeiten wie etwa dem Entfernen von Blüten und Blättern oft zu Reizungen und Entzündungen der betroffenen Hautstellen. Daher empfiehlt sich das Tragen von Handschuhen.

Mittlerweile sind auch priminfreie Sorten im Handel erhältlich, so dass auch allergiegefährdete Menschen nicht auf Primeln in der Wohnung verzichten müssen.

Ungiftige Alternative Schattenröhre *(Episcia reptans)*

GIFTIGE PFLANZENTEILE

BLÜTEZEIT

Jan	Feb	März	April	Mai	Juni	Juli	Aug	Sept	Okt	Nov	Dez

![Rizinus, Kapselfrüchte]

Rizinus, Kapselfrüchte

Rizinus, Wunderbaum
Ricinus communis

Aussehen Der Wunderbaum ist ein bis zu 4 m hoher Strauch. Die sehr großen, handförmigen Blätter sind grün oder rot. Die männlichen gelben und weiblichen bräunlichen Blüten stehen getrennt auf den Zweigspitzen, letztere entwickeln sich zu weichstacheligen Kapselfrüchten, die drei glänzende Samen enthalten. Diese Frucht ähnelt der Esskastanie.

Standort Diese Pflanze stammt wahrscheinlich aus Nordostafrika und Indien, ist in den Tropen und Subtropen als Unkraut verbreitet.

Wissenswertes Rizinusöl, schon seit der Antike sehr bekannt, ist ein wirksames Abführmittel. Im 17. und 18. Jahrhundert galt das Abführen im Takt von zwei Wochen als essentiell für die Gesundheit. Heutzutage werden ca. 800 000 Tonnen Rizinusöl pro Jahr gewonnen und technisch z. B. als Schmiermittel verwendet. Der Presskuchen wird es an das Vieh verfüttert oder als Dünger genutzt.

Rizinusöl ist ungiftig, während die Samen hochtoxisch sind. Zehn bis 20 Samen reichen aus, einen Menschen zu töten. Auch das unbedachte Tragen von Halsketten aus Rizinussamen kann bei Kindern schon zu Vergiftungen führen. Nach dem Einatmen von Samenstaub können starke Allergien bis hin zum anaphylaktischen Schock auftreten. Tückisch ist, dass die Symptome einer Vergiftung erst Stunden nach der Einnahme auftreten.

Ungiftige Alternative Beerenmalve *(Malvaviscus arboreus)*

GIFTIGE PFLANZENTEILE

BLÜTEZEIT

| Jan | Feb | März | April | Mai | Juni | Juli | **Aug** | **Sept** | **Okt** | Nov | Dez |

Bogenhanf

Bogenhanf, Schwiegermutterzunge
Sansevieria trifasciata

Aussehen Charakteristisch für den Bogenhanf sind die steifen, schwertförmig nach oben strebenden Blätter, die in einer Spitze enden. Die Blätter weisen zudem ein Muster auf, das quer gebändert, marmoriert, gestreift oder in Kontrastfarben gesäumt sein kann. Bei älteren Pflanzen bilden sich im Frühjahr weiße bis grünliche kleine Blüten, die angenehm duften.

Standort Die Heimat dieser Pflanze liegt in Afrika, im südlichen Asien und auf der Arabischen Halbinsel. Als Zimmerpflanze kultiviert sollte der Standort dieser sonnenliebenden Steppenpflanze möglichst hell sein. Sie verträgt hartes Leitungswasser und ist unempfindlich gegen trockene Heizungsluft. Auch manchen Pflegefehler verzeiht der robuste Bogenhanf, der nur selten von Schädlingen befallen wird.

Wissenswertes Seinen deutschen Namen Bogenhanf verdankt die Art der Stabilität ihrer Fasern, aus denen früher in Afrika die Bogensehnen für Bogenschützen gemacht wurden. Sansevierien enthalten giftige Saponine. Nach dem Verzehr von Pflanzenteilen treten starke Übelkeit, Bauchschmerzen, Erbrechen, Krämpfe und Durchfall auf. Die enthaltenen Giftstoffe vermögen auch das Blut zu zersetzen. Für Haustiere ist die Pflanze sehr giftig. Die Sansevierie stand auch bei der Wahl der Giftpflanze des Jahres 2006 zur Debatte.

Ungiftige Alternative Ananas *(Ananas comosus)*

GIFTIGE PFLANZENTEILE

BLÜTEZEIT

Jan	Feb	März	April	Mai	Juni	Juli	Aug	Sept	Okt	Nov	Dez

Efeutute

Efeutute
Scindapsus sp.

Aussehen Die Efeutute ist ein Kletterstrauch mit ovalen, dunkelgrünen und zugespitzten Blättern, die weiße, unregelmäßige Flecken aufweisen. Es sind auch einige Sorten mit weißen, gelben oder hellgrünen Blattfärbungen erhältlich.
Standort Die Herkunft der Efeutute liegt im tropischen Asien.
Wissenswertes *Scindapsus* ist eine beliebte Zimmerpflanze. Wegen ihrer geringen Pflegeansprüche und des attraktiven Laubs findet man sie oft in privaten und öffentlichen Gebäuden. Je dunkler der Standort ist, umso weniger ausgeprägt ist die buntgefleckte Blattmusterung. Desweiteren entfernt diese Pflanze Schadstoffe wie Formaldehyd, Xylol und Benzol aus der Luft. In allen Pflanzenteilen sind giftige Iaroinähnliche Scharfstoffe und Kalziumoxalat enthalten, die zu Verletzungen der Haut führen können. Nach äußerlichem Kontakt können Entzündungen der betroffenen Hautpartien sowie der Augen auftreten. Nach Verzehr kommt es zunächst zum Brennen und Anschwellen der Schleimhäute im Mund und der Zunge. Weiterhin zeigen sich Vergiftungssymptome wie Übelkeit, Erbrechen, Magen-Darmbeschwerden mit Durchfall sowie Krämpfe.
Alle *Scindapsus*-Arten sind giftig für alle Haustiere.
Ungiftige Alternative Kleine Zimmerrebe *(Cissus striata)*

GIFTIGE PFLANZENTEILE

Die Pflanze bildet normalerweise in Kultur keine Blüten aus.

Korallenbäumchen mit Früchten

Korallenbäumchen
Solanum pseudocapsicum

Aussehen In seiner Heimat kann das Korallenbäumchen bis zu 1 m hoch werden. Der Strauch besitzt lanzettliche und entlang der Mittelrippe oft stachelige Blätter. Die Blüten sind weiß oder scharlachrot und blühen zwischen Juni und August. Aus ihnen entwickeln sich ab September etwa 1 cm große, stachelige, orange-rote Beeren, die lederartig sind.

Standort Ursprünglich kommt diese Pflanze auf der portugiesischen Atlantikinsel Madeira, in Brasilien und Chile vor. Bei uns wird sie gern als Zimmerpflanze kultiviert.

Wissenswertes Die ganze Pflanze ist giftig, vor allem aber die unreifen Früchte. Ab einer Menge von zwei verzehrten Beeren muss mit Vergiftungserscheinungen gerechnet werden.

Dies sind Magen-Darmbeschwerden mit Übelkeit, Brechreiz, Bauchschmerzen und Durchfall, in schwerwiegenden Fällen wurde ein vermindertes Bewusstsein festgestellt. Blätter und Triebe des Korallenbäumchens enthalten bis zu 1,4 % Alkaloide. Das häufigste Alkaloid ist Solanocapsin, ein Steroidalkaloid, das in freier Form und nicht glykosidisch gebunden vorliegt.

In den reifen Früchten hingegen wurden keine Alkaloide nachgewiesen, demzufolge wurden in letzter Zeit aus Mitteleuropa auch keine ernsthaften Vergiftungen durch das Korallenbäumchen bekannt gegeben.

Ungiftige Alternative Mandarine *(Citrus reticulata)*

GIFTIGE PFLANZENTEILE

BLÜTEZEIT

Jan	Feb	März	April	Mai	Juni	Juli	Aug	Sept	Okt	Nov	Dez

Purpurtute

Jungpflanze

Purpurtute
Syngonium podophyllum

Aussehen Die anspruchslose Tropenpflanze mit kletternden Trieben wächst buschig und besitzt sehr variabel gestaltete Blätter. Je nach Sorte sind sie gelb oder weißlich gezeichnet. Junge Pflanzen zeigen eher kleine, pfeilförmige Blätter, die sich bei älteren Exemplaren zu riesigen, bis zu 30 cm langen Blättern entwickeln. Mit zunehmendem Alter werden die Blätter heller.

Standort Die Purpurtute stammt aus Mittel- und Südamerika (Mexiko und Guatemala). Der richtige Platz im Raum ist von der Blattfärbung abhängig. Dunkelgrüne Sorten kommen mit sehr wenig Licht aus. Die buntblättrigen hingegen wollen heller stehen, vertragen aber keine direkte Sonne.

Wissenswertes Die Purpurtute enthält wie andere Aronstabgewächse auch in allen Pflanzenteilen Kalziumoxalat und Oxalsäure. Beim Verzehr zeigen ein Brennen der Mundschleimhäute und das Anschwellen der Lippen eine Vergiftung an. Bei starken Vergiftungen können auch innere Blutungen und Krämpfe auftreten. Bei sehr großen Dosen kommt es zu schwerer Schädigung der Niere.
Die Pflanze ist auch giftig für alle Haustiere. Bei ihnen sind Speichelfluss, Erbrechen und Durchfall, Blutungen von Zahnfleisch, Magen, Darm und Uterus typische Zeichen der Vergiftung.

Ungiftige Alternative Mühlenbeckie *(Muehlenbeckia complexa)*

GIFTIGE PFLANZENTEILE

Die Pflanze bildet normalerweise in Kultur keine Blüten aus.

Bunte Margerite 'Regent'

Bunte Margerite
Tanacetum coccineum

Aussehen Die wechselständigen Laubblätter dieser mehrjährigen Pflanze sind meist gefiedert. Die Blütenkörbchen aus zehn bis 21 Zungenblüten und 60 bis 300 Röhrenblüten weisen einen Durchmesser von 5–22 mm auf. Die meist 30 bis 60 Hüllblätter stehen in drei bis fünf Reihen. Die Bunte Margerite trägt rote Blüten, die von Mai bis Juni blühen. Sorten anderer *Tanacetum*-Arten gefallen durch rosafarbene oder weiße Blüten.

Standort Die Gattung kommt in den gemäßigten Breiten Europas, Asiens, Nordafrikas und Nordamerikas vor, sie ist auch auf den Bergwiesen zu finden. Einige Arten werden weltweit angebaut. Die Bunte Margerite, eine blühende Zimmerpflanze, braucht sowohl einen sonnigen Platz als auch einen humusreichen, durchlässigen Boden.

Wissenswertes Das Insektizid Pyrethrum wird aus den getrockneten Blüten von *Tanacetum*-Arten durch Zerkleinern oder Extraktion mit Lösungsmitteln gewonnen. Pyrethrum ist ein Nervengift für alle Insekten und findet seine Verwendung in der biologischen Schädlingsbekämpfung. Die meisten Pyrethrum liefernden Pflanzen werden bevorzugt in Afrika, Mittelamerika, Neuguinea und Japan angebaut und dort exportiert. Die Pflanze selbst ist für Menschen ungefährlich, ihre giftigen Wirkstoffe dienen nur als Schutz gegen Fraßfeinde.

Ungiftige Alternative Gerbera *(Gerbera jamesonii)*

GIFTIGE PFLANZENTEILE

BLÜTEZEIT

Jan	Feb	März	April	Mai	Juni	Juli	Aug	Sept	Okt	Nov	Dez

Yucca

Blüten von *Yucca filamentosa*

Yucca, Graue Palmlilie
Yucca elephantipes

Aussehen Die Graue Palmlilie, ein Agavengewächs, bildet als Zimmerpflanze in der Regel einen 5–10 cm dicken Stamm aus, der am Triebende grün und zur Wurzel hin bräunlich verholzt ist. Die Pflanze kann bis zu 5 m hoch werden und ist nur selten verzweigt. Die hartlaubigen, höchstens 0,5 m langen Blätter, die radial am Stamm angeordnet sind, bilden eine Krone. Die Blätter sind mittelgrün, nur wenige Zentimeter breit und besitzen einen feinen, sägeförmigen Rand. Die zahlreichen weißen bis cremefarbenen Blüten erscheinen im Sommer an langen, aufrechten Rispen. Allerdings ist in Zimmerkultur damit kaum zu rechnen.

Standort Die Graue Palmlilie ist an der US-amerikanischen Golfküste in den Staaten Louisiana, North Carolina, South Carolina, Georgia, Florida sowie in Mexiko und im Staat Oaxaca verbreitet. Dort wächst sie auf küstennahen Sanddünen und in lichten Wäldern. Im mediterranen Europa ist die Graue Palmlilie eingebürgert.

Wissenswertes Da diese Pflanze botanisch nicht zu den Palmen zählt, ist Yuccapalme oder Palmlilie eine falsche Bezeichnung. An den Blättern, die in einer Spitze enden, kann man sich leicht verletzen. Auch für Augen stellen diese Blattspitzen eine Gefahr dar. *Yucca elephantipes* ist für alle Haustiere, nicht aber für den Menschen giftig.

Ungiftige Alternative Schirm-Bambus *(Fargesia murieliae)*

GIFTIGE PFLANZENTEILE

BLÜTEZEIT

Jan	Feb	März	April	Mai	Juni	Juli	Aug	Sept	Okt	Nov	Dez

Giftige Stauden und krautige Pflanzen

Blauer Eisenhut

Blauer Eisenhut
Aconitum napellus

Aussehen Diese bis zu 1,5 m hohe Staude ist sehr gut an ihren handförmigen Blättern und den dunkelblauen, traubigen Blütenständen erkennbar. Das obere, helmförmige Kronblatt ist viel größer als die übrigen Blütenblätter.

Standort Der Blaue oder Echte Eisenhut ist in den Alpen und Mittelgebirgen in Hochstaudenfluren und an Bachsäumen zu finden. Er bevorzugt schattige, feuchte Plätze.

Wissenswertes Der Eisenhut ist die giftigste Pflanze unserer heimischen Flora. Alle Teile sind tödlich giftig. Schon die geringe Dosis von nur 2 g des Wurzelstocks kann bei einem erwachsenen Menschen zum Tode durch Muskellähmung und Kreislaufzusammenbruch führen. Das machte den Eisenhut zu einer beliebten Pflanze für Gift- und Selbstmorde. Die starke Giftigkeit des Eisenhuts ist schon seit der Antike bekannt. Damals war diese Pflanze einer der wichtigsten Bestandteile der Hexensalbe, durch deren äußerliche Anwendung eine halluzinogene Wirkung entstand. Dermaßen behandelte Menschen hatten das Gefühl, als ob sich auf der Haut Fell oder Federn bildeten. Das Pflücken der Pflanze sollte nie ohne Handschuhe geschehen, denn das giftige Alkaloid Aconitin kann sehr leicht über die Haut in den Körper gelangen und schlimme Hautentzündungen sowie schwere Vergiftungen verursachen.

Ungiftige Alternative Katzenminze (*Nepeta × faassenii*)

GIFTIGE PFLANZENTEILE

BLÜTEZEIT

Jan	Feb	März	April	Mai	Juni	Juli	Aug	Sept	Okt	Nov	Dez

Weißfrüchtiges Christophskraut, Früchte

Blüten

Weißfrüchtiges Christophskraut
Actaea alba

Aussehen Die krautige Pflanze wird 40–70 cm hoch. Die dreizählig gefiederten Laubblätter riechen unangenehm. Die weißen Blüten mit vier Blütenblättern und langen Staubblättern stehen in Trauben. Ab August reifen die erst grünen, später schwarzen, eiförmigen Beeren heran.

Standort Die Heimat dieser häufigen Gartenstaude liegt in Nordamerika. In lichten Mischwäldern ist das ähnliche Schwarzfrüchtige Christophskraut *(A. spicata)* heimisch.

Wissenswertes Ihren Namen erhielt die Pflanze nach dem Heiligen Christophorus, einem Schutzheiligen. Der Gattungsname *Actaea* stammt aus einer griechischen Sage. Darin wurde Aktaeon von Artemis, der Tochter des Zeus, in einen Hirsch verwandelt, als er ihr beim Baden zusah. Die Hunde Aktaeons zerrissen daraufhin ihren Herrn, da sie von den Beeren des Christophskrauts irregeworden waren.

In der Volksheilkunde wurde die Pflanze als Brech- und Abführmittel sowie gegen Rheuma und Pest verwendet. Da eine Überdosierung zum Tode führen kann, wird die Pflanze heutzutage nicht mehr eingesetzt. Es gibt derzeit keine gesicherten Erkenntnisse über den genauen Wirkstoff der Pflanze, vermutlich handelt es sich dabei um Aconitinsäure. Die Beeren können für Kinder eine große Gefahr darstellen.

Ungiftige Alternative Astilben (*Astilbe* sp.)

GIFTIGE PFLANZENTEILE

BLÜTEZEIT

| Jan | Feb | März | April | Mai | Juni | Juli | Aug | Sept | Okt | Nov | Dez |

Frühlings-Adonisröschen

Frühlings-Adonisröschen
Adonis vernalis

Aussehen Diese kompakte Staude wird je nach Standort zwischen 10 und 40 cm hoch. Die am Stängel wechselständig stehenden Blätter sind mehrfach fadenförmig gefiedert. Ab April blühen die leuchtend gelben Blüten.

Standort Der natürliche Lebensraum dieser Pflanze ist nährstoffarmer, kalkhaltiger Trockenrasen, Löß, Lehm oder Sand. Sie bevorzugt Standorte in voller Sonne und stammt ursprünglich aus den asiatischen Steppen am Schwarzen Meer. Nun ist sie lokal isoliert in besonders warmen Regionen Mitteleuropas, wie z. B. östlich von Berlin, in der Garchinger Heide und nördlich von München, zu finden. Im Hausgarten wächst es sehr gut an Trockenmauern.

Wissenswertes Das Adonisröschen ist eine sehr giftige Pflanze, dies drückt auch der deutsche Zweitname Teufelsauge aus. Eine Vergiftung mit dieser Pflanze ist vergleichbar mit der durch den Roten Fingerhut (s. S. 87). Schon 2 g Blätter wirken giftig und führen zu einer Erweiterung der Koronargefäße.

Auch das Adonisröschen wird heutzutage als Heilpflanze bei Herzbeschwerden eingesetzt. Im 18. Jahrhundert wurden alljährlich große Mengen an Wurzeln als Droge von Thüringen ins restliche Europa versandt, was zur Dezimierung der dortigen Vorkommen führte. Heute steht das Frühlings-Adonisröschen unter Naturschutz.

Ungiftige Alternative Primel (*Primula* sp.)

GIFTIGE PFLANZENTEILE

BLÜTEZEIT

Jan	Feb	März	April	Mai	Juni	Juli	Aug	Sept	Okt	Nov	Dez

Hundspetersilie

Hundspetersilie
Aethusa cynapium

Aussehen Die lang gestielten, glatten Blätter dieser einjährigen, bis zu 1 m hohen Pflanze sind zwei- bis dreifach gefiedert und glänzen auf der Unterseite. Zwischen Juni und Oktober erscheinen die flachen, weißen Doldenblüten. Charakteristisch sind die an der Blütendolde dornartig nach unten stehenden Hüllblättchen. Die Frucht ist kugelig und strohgelb. Die ganze Pflanze riecht unangenehm.

Standort Die Hundspetersilie ist in ganz Europa verbreitet. Sie wächst in Gärten, Äckern, Wäldern, Gebüschen und Auen.

Wissenswertes Alle Pflanzenteile sind giftig. Als Giftstoffe wurden Aethusin, Coniin sowie coniinähnliche Alkaloide gefunden. Diese werden sehr schnell über die Schleimhäute, aber auch über die Haut resorbiert. Die ersten Vergiftungserscheinungen, Erbrechen, Übelkeit und Bewusstseinsstörungen, bei einer höheren Dosis auch Atemlähmung, zeigen sich schon eine Stunde nach Verzehr. Coniin wirkt genauso wie das Pfeilgift Curare. Für ausgewachsene Rinder liegt die tödliche Menge bei 15 kg Pflanzenmaterial pro Tier. Besonders tückisch ist, dass die Hundspetersilie sehr leicht mit der echten Petersilie verwechselt werden kann. Wer sich vor einer Verwechslung mit dieser Giftpflanze fürchtet, sollte krausblättrige Formen der Petersilie als Küchenkraut bevorzugen.

Ungiftige Alternative Petersilie *(Petroselinum neapolitanum, P. crispum)*

GIFTIGE PFLANZENTEILE

BLÜTEZEIT

Jan	Feb	März	April	Mai	Juni	Juli	Aug	Sept	Okt	Nov	Dez

Kornrade

Blüten

Kornrade
Agrostemma githago

Aussehen Die Kornrade ist eine einjährige, 30–100 cm hohe Pflanze mit wenig verzweigten Stängeln. Die ganze Pflanze trägt eine zottige Behaarung. Die Blätter sind graufilzig, endständig und linear. Die rötlichen bis purpurfarbenen, lang gestielten, 3–5 cm großen Blüten stehen einzeln an den Triebenden. Sie besitzen lange, schmale Kronzipfel und blühen von Mai bis Juli. Die Frucht besteht aus einer vielsamigen Kapsel.

Standort Früher war die Kornrade ein weit verbreitetes Unkraut in den Getreidefeldern. Heute ist sie meistens nur noch in Gärten anzutreffen. Sie wächst bevorzugt auf sandig-lehmigen Böden.

Wissenswertes Da die Kornrade früher in jedem Getreidefeld vorkam, löste sie bei massenhaftem Auftreten durchaus Vergiftungsepidemien aus. Diese sogenannten Brotvergiftungen sind auf verunreinigtes Getreide zurückzuführen. Denn im Lauf der Zeit hatte sich die Größe der Kornradesamen an die der Getreidekörner angepasst, zudem werden auch die Samen der Kornrade erst beim Dreschen frei. Diese Anpassung sorgte für eine ideale Verbreitung dieser giftigen Pflanze bei der Getreideaussaat.

Der Verzehr der Samen bewirkt einen erhöhten Tränen- und Speichelfluss, Übelkeit, Erbrechen, Leibschmerzen und schließlich den Tod durch Atemlähmung. Die tödliche Menge liegt bei etwa 5 g Samen.

GIFTIGE PFLANZENTEILE

BLÜTEZEIT

| Jan | Feb | März | April | Mai | Juni | Juli | Aug | Sept | Okt | Nov | Dez |

Ambrosie im Staudenbeet

Ambrosie, Amerikanisches Traubenkraut
Ambrosia arthemisiifolia

Aussehen Dieses einjährige „Unkraut" keimt im Frühjahr bis Sommer. Es wird zwischen 20 und 150 cm hoch. Die meist doppelt fiederteiligen Laubblätter stehen an den behaarten, reich verzweigten Stängeln. Mehrere Dutzend männliche Blütenkörbchen bilden dichte, traubige Gesamtblütenstände am Ende des Stängels und der Seitenzweige. Die weiblichen Blütenkörbchen befinden sich in Knäueln in den Blattachseln, gewöhnlich unterhalb der männlichen Blütenstände.

Standort Durch ihre hohe Samen- und Pollenbildung ist die ursprünglich aus Nordamerika stammende Pflanze heutzutage fast überall zu finden. Sie wächst gern an Straßenrändern oder auch in Gärten.

Wissenswertes Jede Pflanze kann bis zu einer Milliarde Pollen produzieren. Zudem bildet eine einzige Pflanze 3000 bis 60 000 Samen, die bis zu 40 Jahre lang keimfähig bleiben können.

Die Pollen des Traubenkrauts gehören zu den stärksten Allergie-Auslösern, die bekannt sind. Bereits ab sechs Pollen pro Kubikmeter Luft reagieren empfindliche Personen allergisch und schon ab elf Pollen je Kubikmeter wird von einer starken Belastung gesprochen. Die Allergie führt zu den typischen Reaktionen der Augen und der Atemwege, die man vom Heuschnupfen kennt. Im schlimmsten Fall kann diese Allergie auch zu schwerem Asthma führen.

GIFTIGE PFLANZENTEILE

BLÜTEZEIT

| Jan | Feb | März | April | Mai | Juni | Juli | Aug | Sept | Okt | Nov | Dez |

Blaues Windröschen

Windröschen
Anemone sp.

Aussehen Das heimische Buschwindröschen *(Anemone nemorosa)*, eine zur Verwilderung neigende Zwiebelblume, blüht ab Februar in leuchtend hellen Farben in den Tönen Blau, Rosa, Rot oder Weiß. Das Blaue Windröschen *(A. blanda)* treibt im März sternförmige Blüten aus. Die Blätter der Pflanze sind stark geteilt und liegen meist auf dem Boden auf. Sie ziehen sich zum Sommer hin ein, sodass ab Juni von der Pflanze nichts mehr zu sehen ist.

Standort Das Buschwindröschen wächst in Laubwäldern, bis zu einer Höhe von 1900 m. Es ist in ganz Europa verbreitet.

Wissenswertes Die Bewohner Kamtschatkas haben früher wohl den Pflanzensaft der dort heimischen *Anemone*-Arten als Gift für Jagdpfeile benutzt. Hieronymus Bock (1498–1554) empfahl das Buschwindröschen zur Behandlung von Warzen und mancherorts wurde es eingesetzt, um böse Geister abzuwehren. Buschwindröschen enthalten Protoanemonin, ein Gift, das vorwiegend Haut und Schleimhäute reizt und somit bei äußerlichem Kontakt Rötungen und Blasenbildung der Haut verursachen kann. Bei innerer Aufnahme kann es zu Erbrechen, Durchfällen und Krämpfen sowie nachfolgend zu Störungen des Nervensystems, Reizungen und Entzündungen der Nieren kommen. Für Landschildkröten sind alle Windröschenarten sehr giftig.

Ungiftige Alternative Gänsekresse *(Arabis caucasica)*

GIFTIGE PFLANZENTEILE

BLÜTEZEIT

| Jan | Feb | März | April | Mai | Juni | Juli | Aug | Sept | Okt | Nov | Dez |

Hanfartiger Hundswürger

Hanfartiger Hundswürger
Apocynum cannabinum

Aussehen Diese aufrecht wachsende Staude, auch Amerikanisches Hundsgift genannt, wird etwa 1 m hoch. Die schmalen Blätter sind ca. 10 cm lang, die weißlichen Blüten stehen in Trugdolden. Charakteristisch ist die breite, gelbliche Rinde am Wurzelstock, die leicht absplittert und zahlreiche Milchsaftgefäße aufweist, sowie die Balgfrüchte, die zahlreiche Samen mit seidenglänzenden Haaren enthalten.

Standort *A. cannabinum* stammt ursprünglich aus Nordamerika. In Europa findet man sie angepflanzt in Gärten.

Wissenswertes Früher wurde der Hundswürger in der traditionellen Volksmedizin verwendet, so beispielsweise die Wurzeln als Herzstimulanz. Der botanische Gattungsname leitet sich von dem griechischen Wort apo für fort und kyon für Hund ab, denn man nahm bei der Namensgebung an, dass die Pflanze für Hunde giftig ist. Alle Pflanzenteile sind giftig, besonders die Wurzeln. Abkochungen wirken nach kurzer Zeit tödlich, sie führen zum Tod durch Herzversagen. Zufällige Vergiftungen mit dieser Pflanze sind eher selten, da auch die behaarten Samen nicht besonders anziehend für Kinder sind. Symptome einer Vergiftung nach Verzehr sind Übelkeit, heftiger Durchfall und Erschöpfungszustände. Der Milchsaft der Pflanze führt zu Hautentzündungen und verursacht Geschwüre.

Ungiftige Alternative Echter Baldrian *(Valeriana officinalis)*

GIFTIGE PFLANZENTEILE

BLÜTEZEIT

| Jan | Feb | März | April | Mai | Juni | Juli | Aug | Sept | Okt | Nov | Dez |

Gemeine Akelei

Gemeine Akelei
Aquilegia vulgaris

Aussehen Der Gemeine Akelei ist eine krautige blau blühende Pflanze, die 30–60 cm hoch wird. Gelegentlich treten bei der Wildform auch weiße, rotviolette oder blaue Blüten mit weißem Rand auf. Die Balgfrüchte enthalten bis zu 2,5 mm lange, schwarz glänzende Samen.
Standort Diese Pflanze ist in ganz West-, Mittel- und Südeuropa sowie in Nordwestafrika und dem westlichen Osteuropa beheimatet. Sie gedeiht auf frischen Böden, die nährstoff- und basenreich sind.
Wissenswertes Im Mittelalter und der frühen Neuzeit wurde die Akelei bei verschiedenen Beschwerden in der Volksmedizin eingesetzt. Diese Pflanze ist auch auf zahlreichen Gemälden des Mittelalters zu finden. Im Jahr 1985 wurde sie in Deutschland als eine der ersten Pflanzen zur Blume des Jahres gekürt. Vor Christi Geburt galt die Blüte als Aphrodisiakum für Männer. Die Samen waren Bestandteil vieler Hexensalben und die Meskaki-Indianer Nordamerikas verkochten Akelei mit Ginseng, Glimmererde und Schlangenfleisch zu einem Liebestrank. Vergiftungen treten nur selten auf, denn die Pflanze besitzt für Mensch und Tier einen bitteren Geschmack. Der Verzehr von 20 g Blättern führt zu leichten Vergiftungserscheinungen, die sich in Übelkeit, Erbrechen, Durchfall, Atemnot, Herzbeschwerden und Benommenheit zeigen.
Ungiftige Alternative Rapunzel-Glockenblume *(Campanula rapunculus)*

GIFTIGE PFLANZENTEILE

BLÜTEZEIT

| Jan | Feb | März | April | Mai | Juni | Juli | Aug | Sept | Okt | Nov | Dez |

Bärenohr

Bärenohr
Arctotis venusta

Aussehen Das einjährige Bärenohr kann bis zu 50 cm hoch werden. Staubbeutel und Stempel dieser Pflanze sind attraktiv silbergrau – eine Ausnahme im Pflanzenreich. Die gerberaähnliche Blüte schließt sich am Abend und öffnet sich erneut am nächsten Morgen. Es sind auch Zwergformen des Bärenohrs mit orange- oder rosafarbenen Blütenständen erhältlich.

Standort Beheimatet in überwiegend trockenen, aber sommerfeuchten Regionen Südafrikas und Namibias, braucht das Bärenohr auch im Garten einen durchlässigen, frischen, nährstoffreichen Boden in vollsonniger Lage.

Wissenswertes Im angelsächsischen Sprachraum bezeichnet man das Bärenohr als „blauäugiges afrikanisches Gänseblümchen". Als Zierpflanze findet man das hübsche Bärenohr mit dem lustigen Namen (einer wörtlichen Übersetzung des botanischen Gattungsnamens) mittlerweile auch in Mitteleuropa. Es eignet sich zusammen mit anderen Einjährigen und Stauden für Kübel und Balkonkästen, Blumenrabatten und Kiesgärten sowie Gärten im mediterranen und exotischen Stil.

Die Samen des Bärenohrs sind giftig. Sie enthalten als Wirkstoff Sesquiterpenlactone, das als pflanzliches Abwehrmittel durch den bitteren Geschmack verschiedene Fressfeinde abwehren soll.

Ungiftige Alternative Blaue Kapaster *(Felicia amelloides)*

GIFTIGE PFLANZENTEILE

BLÜTEZEIT

Jan	Feb	März	April	Mai	Juni	Juli	Aug	Sept	Okt	Nov	Dez

Arnika

Arnika
Arnica montana

Aussehen   Die mehrjährige Arnika wird zwischen 20 und 60 cm hoch. Sie besitzt behaarte Blätter und große, dottergelbe Blüten.
Standort   Wild kommt diese Art in Mittel- und Nordeuropa vor. Arnika wächst bevorzugt auf sauren und mageren Wiesen der Täler bis oberhalb der Baumgrenze.
Wissenswertes   Die Arnika wurde in den Schriften der antiken Drogenkundigen nicht erwähnt. Erst im späten Mittelalter kam Arnika zu ihrem heutigen Ansehen. Da *Arnica montana* unter Naturschutz steht, darf sie in freier Natur nicht gepflückt werden.
Arnika wird in der traditionellen Volksmedizin bei Behandlung von Prellungen, Verstauchungen, Verbrennungen wie Sonnenbrand und bei Windeldermatitis eingesetzt. Da Verzehr und innere Einnahme zu Schleimhautreizungen, Blutungen, Angstzuständen und Atemnot bis hin zum Tod führen kann, darf Arnika nur äußerlich oder als Mundspülung eingesetzt werden. Hin und wieder kommt es auch bei der Anwendung von arnikahaltigen Shampoos und Badezusätzen zu allergischen Reaktionen. Früher wurde Arnika auch als Mittel für Abtreibungen verwendet oder dem Schnupftabak zugesetzt, da die getrockneten Blätter die Nasenschleimhäute reizen. Arnika war das letzte Heilmittel, das dem sterbenden Johann Wolfgang von Goethe gereicht wurde.
Ungiftige Alternative   Buschiges Kapkörbchen *(Dimorphotheca sinuata)*

GIFTIGE PFLANZENTEILE

BLÜTEZEIT

| Jan | Feb | März | April | Mai | **Juni** | **Juli** | Aug | Sept | Okt | Nov | Dez |

Aronstab, Fruchtstand

Blüten

Italienischer Aronstab
Arum italicum

Aussehen Die ausdauernde Pflanze erreicht Wuchshöhen von etwa 15–40 cm. Die Blüten sitzen, verborgen unter dem grünlich weißen Hüllblatt, am unteren Teil des gelblichen Kolbens. Die bei Reife roten, verkehrt-eiförmigen Beeren enthalten viele Samen.

Standort In Europa und in Asien liegt das natürliche Verbreitungsgebiet dieser Art. Auch als Zierpflanze ist sie weit verbreitet. In feuchten Mischwäldern findet man auch den ebenfalls giftigen, sehr ähnlichen Gefleckten Aronstab *(A. maculatum)*.

Wissenswertes Alle oberirdischen Teile des Aronstabs sind giftig, insbesondere die Früchte. Bei Kontakt können Hautreizungen und Blasenbildung auftreten, der Verzehr führt zu Brennen im Mund und Rachen, Krämpfen, sinkender Körpertemperatur, inneren Blutung, und Störungen des Verdauungstrakts. Die Symptome einer solchen Vergiftung treten meist innerhalb von 5–25 Minuten nach Einnahme auf. Beim Weidevieh wurden im Frühjahr auch schon Todesfälle nach dem Fressen der Blätter registriert.

Wegen des angenehm süßlichen Geschmacks der attraktiven, roten Beeren kommt es öfters zu Vergiftungen bei Kindern. Da die Beeren aber ein starkes Brennen im Mund verursachen, werden die giftigen Früchte meist vor Erreichen einer tödlichen Dosis ausgespuckt. Todesfälle sind daher selten.

Ungiftige Alternative Funkie *(Hosta* sp.)

GIFTIGE PFLANZENTEILE

BLÜTEZEIT

| Jan | Feb | März | April | Mai | Juni | Juli | Aug | Sept | Okt | Nov | Dez |

Haselwurz

Haselwurz
Asarum europaeum

Aussehen Die krautige Pflanze mit immergrünen Blättern wird zwischen 5 und 10 cm hoch. Alle Pflanzenteile riechen intensiv nach Pfeffer, auch das Rhizom (Wurzelstock). Die krugförmigen Blüten stehen einzeln unmittelbar in Bodennähe. Aus ihnen entwickeln sich sechsklappige Kapselfrüchte, die von Juli bis August ihre Samen ausstreuen.

Standort Das Verbreitungsgebiet dieser Art umfasst Eurasien, wo die Haselwurz in Laubwäldern und Gebüschen (gern unter Haselsträuchern) vorkommt.

Wissenswertes Die Samen tragen kleine nährstoffreiche Anhängsel (Elaiosomen genannt), die Ameisen anlocken. Diese verschleppen die Samen in ihren Bau und lassen die Samen dann, nach Entfernen der Anhängsel, irgendwo liegen. Dadurch wird die Pflanze verbreitet. Die wegen ihres Gehalts an Asaron leicht giftig eingestufte Haselwurz ist seit dem Altertum als Arzneipflanze bekannt. Blätter und Wurzelstock schmecken nach Pfeffer. Das Rhizom enthält kampferartige, ätherische Substanzen, die die Schleimhaut reizen, Brech- und Niesreiz anregen und innere Blutungen auslösen können. Bis ins 18. Jahrhundert wurden die getrockneten Rhizome als Brechmittel verwendet. Später gehörten sie in pulverisierter Form zum variablen Zutatenkreis des Schneeberger Schnupftabaks.

Ungiftige Alternative Bronzeblatt *(Galax urceolata)*

GIFTIGE PFLANZENTEILE

BLÜTEZEIT

| Jan | Feb | März | April | Mai | Juni | Juli | Aug | Sept | Okt | Nov | Dez |

Gemeine Seidenpflanze, Balgfrucht

Blüten

Gemeine Seidenpflanze
Asclepias syriaca

Aussehen Diese Art erreicht eine Wuchshöhe von 1–2 m. Alle Pflanzenteile enthalten einen Milchsaft. Die Unterseite der gestielten Blätter ist filzig behaart. 20 bis 130 Blüten mit purpur-weißen oder grünlichen Kronblättern stehen in doldigen Blütenständen zusammen. Die 8–15 cm langen Balgfrüchte sind hornförmig mit weichdorniger Oberfläche. Die 6–10 mm langen, braunen Samen besitzen einen seidigen Haarschopf, dem die Pflanze ihren Namen verdankt.

Standort *Asclepias syriaca* wächst in ihrer Heimat, dem östlichen Nordamerika, auf Feldern und Wiesen sowie an Wegrändern. In Europa ist diese Art verwildert anzutreffen. Sie ist nur bedingt frosthart.

Wissenswertes Diese Zierpflanze findet man nicht so häufig in Staudenbeeten, häufiger hingegen als Bienenfutterpflanze und zur Gewinnung der Samenhaare als Polstermaterial. Größere Bestände können jedoch einheimische Pflanzen- und Tierarten verdrängen, insbesondere wenn die Art durch Verwildern in schützenswerte Lebensräume eindringt. Das im Milchsaft enthaltene Herzglykosid kann in größeren Mengen bei Tieren und Menschen zum Herzstillstand führen. Die ganze Pflanze enthält Triterpene, die auch beim Gemeinen Schneeball (*Viburnum opulus*, s. S. 151) vorkommen.

Ungiftige Alternative Seidenhaar-Königskerze *(Verbascum bombyciferum)*

GIFTIGE PFLANZENTEILE

BLÜTEZEIT

| Jan | Feb | März | April | Mai | Juni | Juli | Aug | Sept | Okt | Nov | Dez |

Tollkirsche, Blüten

Früchte

Tollkirsche
Atropa belladonna

Aussehen Die Tollkirsche ist eine mehrjährige Pflanze mit großen Blättern. Die hängenden, glockenförmigen Blüten sind violettbraun und innen gelblich. Die glänzend schwarzen Beerenfrüchte sitzen auf dem fünfzipfeligen Kelch, der an einen Stern erinnert.

Standort Diese Pflanze kommt in den Laubwäldern Europas und Asiens sowie im mediterranen Bereich von Nordafrika vor. Sie wird auch in vielen Regionen der Erde angebaut.

Wissenswertes In der Medizin werden Blätter und Wurzeln der stark giftigen Tollkirsche sowie das daraus isolierte Alkaloid Atropin als Spasmolytikum zur Senkung des Spannungszustands der glatten Muskulatur eingesetzt. Im Mittelalter galt es als besonders adrett, wenn die Damen große Pupillen hatten. Um dies zu erreichen, wurde ihnen der Saft der Tollkirsche in die Augen geträufelt. Die dadurch entstehenden Sehstörungen nahmen die Damen in Kauf. Beim Auftragen der mit Fett oder Öl gemischten Alkaloide auf die Haut oder nach oraler Aufnahme kommt es zu Bewusstseinsveränderungen und dem Gefühl, fliegen zu können. Diesen Zustand stellen beispielsweise die bekannten Abbildungen Besen reitender Hexen dar.

Atropa belladonna fand früher auch als Pfeilgift Verwendung. Zehn bis 20 Tollkirschen sind für einen Erwachsenen tödlich, bei Kindern reichen schon zwei bis drei Beeren für eine tödliche Vergiftung aus.

GIFTIGE PFLANZENTEILE

BLÜTEZEIT

Jan	Feb	März	April	Mai	Juni	Juli	Aug	Sept	Okt	Nov	Dez

Weiße Zaunrübe

Blüten und Früchte

Weiße Zaunrübe
Bryonia alba

Aussehen Die Stängel dieser mehrjährigen, mit korkenzieherartig gewundenen Ranken kletternden Pflanze mit der großen, rübenförmigen Wurzel sind rauhaarig. Die handförmigen Blätter sind scharf gezähnt, die sechszähligen Blüten grünlich gefärbt. Von August bis September erscheinen die kugeligen Beeren.

Standort Die Zaunrübe stammt aus Osteuropa. Sie kommt bevorzugt in warmen Gebieten vor. Dort rankt sie über Hecken, Zäune, Mauern an Feld- und Waldrändern.

Wissenswertes In der Homöopathie wird die sehr giftige Zaunrübe in feinsten Verdünnungen verwendet, ebenso in Salben und Cremes, die bei Rheuma und Muskelschmerzen helfen. Früher fand diese Pflanze Anwendung bei Abtreibungen, auch als Abführ- und Brechmittel. Jedoch kommt es bei der Einnahme zu hoher Dosen nicht nur zu Erbrechen, sondern auch zu blutigem Durchfall bis hin zu tödlichem Atemstillstand. Beim Genuss von sechs bis acht Beeren treten bei Erwachsenen Vergiftungserscheinungen auf. Schon der Verzehr von 40 Beeren kann tödlich enden, für Kinder reichen 15 Beeren. Da die Beeren sehr ansprechend aussehen und zum Spielen verlocken, besteht hier eine besondere Gefahr für Kinder. Auch der Kontakt mit dieser Pflanze ist zu vermeiden, denn danach können sich auf der Haut Blasen und Entzündungen bilden.

Ungiftige Alternative Gemüse-Kürbis, Zucchini *(Cucurbita pepo var. ovifera)*

GIFTIGE PFLANZENTEILE

BLÜTEZEIT

| Jan | Feb | März | April | Mai | Juni | Juli | Aug | Sept | Okt | Nov | Dez |

Schlangenwurz

Schlangenwurz, Drachenwurz
Calla palustris

Aussehen Die bis zu 20 cm langen Blätter dieser niederliegend wachsenden Pflanze sind rundlich-herzförmig. Der Blütenkolben, der von Mai bis Juli erscheint, ist von einem weißen Hochblatt umgeben. Die am Kolben gebildeten Früchte sind bei Reife rot.

Standort Der Schlangenwurz kommt in ganz Europa sowie Nordamerika vor. Er bevorzugt sumpfige Gebiete mit sauren Böden, wo er an sonnigen bis halbschattigen Gewässerrändern wächst.

Wissenswertes Diese beliebte Zierpflanze steht unter Naturschutz. Ihren Namen bekam sie wegen der Annahme, dass sie gegen Schlangengift helfen solle. Dies wurde aber wissenschaftlich widerlegt. Dieser Irrglaube führte aber dazu, dass im frühen Mittelalter gern Wappen mit ihrem Motiv verziert wurden, denn der „Drachentöter" spielt in der Mythologie stets eine besondere, vor jeglichem Unheil bewahrende Rolle.

Giftig sind alle Pflanzenteile, insbesondere Blätter, Früchte und Wurzeln. Nach dem Verzehr können Reizungen, Schwellungen und Blasenbildung im Mund auftreten. Zudem kommt es zu Störungen des Verdauungstrakts, die sich in Schleimhautreizungen, Krämpfen sowie Magen- und Darmentzündungen zeigen. In schweren Fällen kann sogar ein Herzanfall die Folge sein. Drachenwurz ist auch giftig für Pferde, Rinder und Kühe.

Ungiftige Alternative Funkien (*Hosta* sp.)

GIFTIGE PFLANZENTEILE

BLÜTEZEIT

| Jan | Feb | März | April | **Mai** | **Juni** | **Juli** | Aug | Sept | Okt | Nov | Dez |

Schöllkraut

Blüten

Schöllkraut
Chelidonium majus

Aussehen Das Schöllkraut ist eine einjährige Pflanze, die bis zu 80 cm hoch werden kann. Die gelben, 2–2,5 cm großen Blüten sind vierzählig. Der unangenehm riechende Milchsaft ist orangegelb gefärbt.

Standort In ganz Asien, Europa und Nordafrika (Mittelmeerraum) verbreitet, wurde es später auch in Nordamerika eingebürgert.

Wissenswertes Den höchsten Giftgehalt hat die ganze Pflanze im Spätsommer bei heißem Wetter. Das Schöllkraut wird gern in der Phytomedizin bei verschiedensten Indikationen verwendet, etwa zur Behandlung von Warzen. In einer Legende wird berichtet, dass Schwalben blinde Jungvögel bekommen würden. Wenn dann die Elterntiere den Milchsaft des Schöllkrauts auf die Augen ihrer Jungen träufeln, würden diese sehen können. Von dieser Legende soll die Pflanze ihren botanischen Namen *Chelidonium* bekommen haben, denn im Griechischen heißt die Schwalbe chelidon. Heute weiß man, dass der Milchsaft keinesfalls in Kontakt mit den Augen kommen darf. Sollte dies geschehen, muss er sofort mit reichlich Wasser ausgewaschen werden. Nach dem Verzehr von jeglichen Pflanzenteilen in größeren Mengen können Erbrechen, Taubheit, Lähmungen, Blutunterdruck und schließlich sogar der Tod durch Kollaps auftreten. Schöllkraut ist auch für Tiere giftig, für Hunde sogar tödlich. Die Giftstoffe verlieren sich beim Trocknen.

GIFTIGE PFLANZENTEILE

BLÜTEZEIT

| Jan | Feb | März | April | Mai | Juni | Juli | Aug | Sept | Okt | Nov | Dez |

Wasserschierling

Wasserschierling
Cicuta virosa

Aussehen Diese kräftige, ausdauernde Pflanze mit einem dicken, teils auch hohlen Wurzelstock wird zwischen 50 und 130 cm hoch. Der Stängel ist röhrig und gerippt. Die sehr großen Blätter sind mehrfach gefiedert und dreieckig. Zahlreiche kleine Blüten stehen in den bis zu 13 cm großen Dolden beisammen, die bräunlichen Früchte sind breit eiförmig.

Standort *Cicuta virosa* kommt natürlicherweise in Nordamerika, Nordasien und Nordeuropa vor. Er wächst in langsam fließenden und stehenden Gewässern, wie z. B. Tümpel und Teiche.

Wissenswertes Der sehr giftige Wasserschierling kann leicht mit der herkömmlichen Petersilie verwechselt werden, seine Wurzeln mit denen der Petersilie oder Sellerieknollen. Vor allem Kinder sind gefährdet, auch weil die Wurzeln verlockend süß schmecken. Die tödliche Dosis wird in der Literatur mit 2–3 g der Pflanze oder einer einzigen Wurzelknolle angegeben. Die ersten Anzeichen einer Vergiftung äußern sich in Brennen in Mund und Hals. Schon 20 Minuten nach dem Verzehr treten Erbrechen, Pupillenerweiterung, epileptische und Krampfanfälle auf, schließlich Koma, Atemnot und Lähmungen, die von den Beinen aus in die Arme ziehen, zuletzt der Tod durch Atemstillstand. Diese Pflanze ist auch stark giftig für alle Tiere.

Ungiftige Alternative Pfeilkraut *(Sagittaria sagittifolia)*

GIFTIGE PFLANZENTEILE

BLÜTEZEIT

Jan	Feb	März	April	Mai	Juni	Juli	Aug	Sept	Okt	Nov	Dez

Herbstzeitlose

Herbstzeitlose
Colchicum sp.

Aussehen Die Herbstzeitlose *(Colchicum autumnale)* ist wegen ihrer späten Blütezeit und ihrer Giftigkeit der wohl bekannteste Vertreter dieser Pflanzengattung. Diese ausdauernde, krautige Pflanze bildet eine unterirdische Sprossknolle aus. Im Frühjahr erscheinen die jungen Laubblätter. Im Herbst erscheinen ein bis drei röhrenförmige Blüten, die denen des Krokus ähneln. Die Kapselfrucht enthält viele Samen.

Standort *Colchicum*-Arten sind in weiten Teilen Asiens und Europa verbreitet. Sie bevorzugen nahrhafte Standorte in der Sonne (Wiesen, Waldlichtungen, Auwälder, Böschungen).

Wissenswertes Der wissenschaftliche Gattungsname *Colchicum* leitet sich von einer Landschaft am Schwarzen Meer ab, der Kolchis im heutigen Georgien. Dort soll auch die sagenhafte Giftmischerin und Zauberin Medea gelebt haben, die liebend gern *Colchicum* verarbeitet haben soll. Die ganze Pflanze ist stark giftig, insbesondere aber Knollen und Samen. Die Blätter werden oft und leicht mit dem essbaren Bärlauch verwechselt, obwohl sie im Gegensatz zu denen des Bärlauchs nicht nach Zwiebel duften. So kommt es besonders in Süddeutschland und der Schweiz immer wieder zu Vergiftungen, die schon bei Aufnahme von geringen Mengen tödlich enden können.

Ungiftige Alternative Herbstastern *(Aster* sp.)

GIFTIGE PFLANZENTEILE

BLÜTEZEIT

| Jan | Feb | März | April | Mai | Juni | Juli | Aug | Sept | Okt | Nov | Dez |

Gefleckter Schierling

Blüten

Gefleckter Schierling
Conium maculatum

Aussehen Aus der spindelförmigen Wurzel dieses ein- oder zweijährigen Krauts wächst der aufrechte, innen hohle und außen stark gerillte Stängel. Er trägt im unteren Teil rote bis dunkelbraune Flecken, die der Pflanze ihren Namen gaben. Der Gefleckte Schierling wird bis zu 2,5 m hoch. Die gestielten, dunkelgrünen Blätter sind drei- bis vierfach gefiedert. Die weißen, unscheinbaren Blüten stehen in zehn- bis 20-strahligen Doppeldolden beisammen. Beim Zerreiben der Pflanze entsteht ein lang anhaltender, scharfer Geruch, der an Mäuseharn erinnert.

Standort Der Gefleckte Schierling stammt aus Europa, Asien und Nordafrika. In Nordamerika und im westlichen Südamerika wurde er eingeschleppt. Er wächst gern an feuchten, schattigen Stellen und ist an Ufern, Hecken und Zäunen anzutreffen.

Wissenswertes Die starke Toxizität der Pflanze ist schon sehr lange bekannt. Im antiken Griechenland wurde der Schierling zusammen mit Opium vom Staat als Suizidmittel ausgegeben. Auch bei Hinrichtungen wurde er verwendet.

Alle Teile der Pflanze sind stark giftig. Da die Wurzeln mit denen von Meerrettich und Petersilie, die Samen mit denen von Anis und Fenchel verwechselt werden können, kommt es leicht zu Vergiftungen, die wegen des hohen Gehalts an Alkaloiden rasch zum Tod durch Atemlähmung führen können.

GIFTIGE PFLANZENTEILE

BLÜTEZEIT

Jan	Feb	März	April	Mai	Juni	Juli	Aug	Sept	Okt	Nov	Dez

Feldrittersporn mit Mohnblüten

Feldrittersporn
Consolida regalis

Aussehen Diese einjährige, 20–50 cm große Pflanze besitzt blauviolette Blüten, die in fünf- bis achtblütigen Trauben stehen. Typisch ist der einfache, bis zu 4 cm lange, waagrecht oder nach oben zeigende Sporn, der aus zwei miteinander verwachsenen Nektarblättern gebildet wird. Der Feldrittersporn blüht von Mai bis August. Die Balgkapsel erreicht eine Länge von etwa 2 cm.

Standort Die Pflanze war einst in Mitteleuropa weit verbreitet. Auch in anderen Teilen Europas und in Kleinasien ist sie zu finden. Sie benötigt nährstoffreiche Böden und wächst auf Getreideäcker, an Wegsäumen und Trockenplätzen und kann auch auf kalkhaltigem Boden gedeihen.

Wissenswertes Durch vermehrten Herbizideinsatz und intensive Bodenkultivierung ist der früher häufige Feldrittersporn seltener geworden. Daher wird er in Deutschland auf der Roten Liste gefährdeter Arten geführt. Alle Bestandteile der Pflanze sind giftig, insbesondere die Samen. Das macht ihn besonders für spielende Kinder gefährlich, denn die Samen enthalten bis zu 1,4 % hochgiftiger Alkaloide, hauptsächlich Lycoctonin. Nach dem Verzehr treten Übelkeit, Erbrechen, Erregungen, Arhythmien, Krämpfe und Lähmungen der Atmung auf. Ähnlich giftig ist der Garten-Rittersporn (s. S. 84).

Ungiftige Alternative Purpur-Königskerze *(Verbascum phoeniceum)*

GIFTIGE PFLANZENTEILE

BLÜTEZEIT

Jan	Feb	März	April	Mai	Juni	Juli	Aug	Sept	Okt	Nov	Dez

Maiglöckchen

Früchte

Maiglöckchen
Convallaria majalis

Aussehen Das Maiglöckchen ist eine mehr-jährige Pflanze, die bis zu 30 cm hoch werden kann. Ihr Rhizom dehnt sich unterirdisch sehr weit aus, daher bildet sie gern große Bestän-de. Die beiden bis zu 15 cm langen, ellipti-schen Laubblätter wachsen direkt aus dem Rhizom. Die weißen, in Trauben beisammen-stehenden Blüten sind von glockenförmiger Gestalt und verströmen einen starken Duft. Die Früchte sind kleine, rote Beeren.

Standort Diese Pflanze ist weit verbreitet in den Laubwäldern Europas und Asiens.

Wissenswertes Als Droge wird das Mai-glöckchen bei leichten Herzschwächen, die im Alter einsetzen, verwendet. Doch schon die Fehldosierung dieser Arzneidroge oder der Verzehr von fünf bis zehn Früchten, die beson-ders für spielende Kinder sehr anziehend sind, führt zu einer Vergiftung. In Europa kommen zudem immer wieder Giftunfälle (auch tödlich verlaufende) vor, wenn beim Sammeln von Bärlauchblättern die sehr ähnlichen, aber duftlosen Maiglöckchenblätter mit eingesam-melt werden. Bei Einnahme dieser stark gifti-gen Pflanze kommt es zunächst zu einer Rei-zung der Schleimhäute, zum Speichelfluss, zu Magen-Darmbeschwerden, Durchfall und Erschöpfung. In schlimmen Fällen können verlangsamte Atmung und Herzstillstand zum Tod führen.

Ungiftige Alternative Ehrenpreis (*Veronica spicata* 'Alba')

GIFTIGE PFLANZENTEILE

BLÜTEZEIT

Jan	Feb	März	April	Mai	Juni	Juli	Aug	Sept	Okt	Nov	Dez

Hohler Lerchensporn in Parkanlage

Hohler Lerchensporn
Corydalis cava

Aussehen Diese ausdauernde, krautige Pflanze wird zwischen 15 und 30 cm hoch. Charakteristisch ist die kugelige, etwa walnussgroße Knolle. Am Stängel stehen zwei gestielte, blaugrüne, unbehaarte Laubblätter. Zwischen März und Anfang April entwickeln sich die variabel gefärbten, schwach wohlriechenden Blüten. Die blassgrüne, schotenförmige Kapselfrucht enthält fast kugelrunde, glänzend schwarze Samen. Im Mai öffnen sich die Kapseln mittels zweier Klappen und entlassen die reifen Samen.

Standort *Corydalis cava* ist in Mitteleuropa weit verbreitet. Als Nährstoff- und Lehmanzeiger bevorzugt diese Pflanzenart frische, Lehm- und Kalkböden an ausreichend feuchten und warmen Stellen in Laubwäldern und Parkanlagen. Sie gilt heute als gefährdete Art.

Wissenswertes Der botanische und deutsche Name leitet sich aus dem griechischen Wort für Haubenlerche ab, da die Blüte den gespornten Zehen dieses Vogels ähnelt. Der Lerchensporn wurde früher gerne wegen seiner hypnotischen und beruhigenden Wirkung vor und nach einer Narkose eingesetzt. Da die ganze Pflanze, aber besonders ihre Wurzelknollen giftig sind, kam es bei falscher Dosierung zu Krämpfen und Lähmungen. Die giftigen Inhaltsstoffe nehmen auch Einfluss auf das zentrale Nervensystem.

Ungiftige Alternative Goldnessel *(Lamiastrum galeobdolon)*

GIFTIGE PFLANZENTEILE

BLÜTEZEIT

| Jan | Feb | **März** | **April** | **Mai** | Juni | Juli | Aug | Sept | Okt | Nov | Dez |

Krokus *(Crocus purpureus)*

Kleiner Krokus *(Crocus chrysanthus)*

Krokus
Crocus sp.

Aussehen Weltweit kommen 80 Krokusarten, in Europa rund zehn verschiedene Arten vor, zudem gibt es zahlreiche Zuchtformen. Die Knollenpflanze mit den weißen, gelben, blauen oder violetten Blüten kann bis zu 15 cm groß werden. Die trichterförmigen Blüten stehen einzeln und sind am Grund zu einer Röhre verwachsen. Der Narbenschenkel ist meist gelb. Die Blütezeit liegt zwischen Februar und Mai. Die Blätter des Krokus sind so lang wie die Blüte und von linealischer Form.
Standort Wild wächst der Krokus in den Alpen und Voralpen auf Wiesen und in Gräben. Bei uns ist er eine beliebte Gartenpflanze.
Wissenswertes Der Gattungsname *Crocus* entstand aus dem griechischen Wort krokos

für Faden, womit auf die Form der Blütennarben Bezug genommen wurde.
Für erwachsene Menschen gilt der Krokus als schwach giftig. Für kleine Kinder aber kann der Verzehr zu Vergiftungen führen, die sich durch Magenbeschwerden, Durchfälle und Erbrechen zeigen. Für Hasen sind Krokusse hingegen stark giftig, selbst geringe Mengen führen zu einem qualvollen Tod, tierärztliche Hilfe kommt meistens zu spät. Auch für Pferde, Hunde, Katzen und Meerschweinchen gelten die Pflanzen als giftig. Im Gegensatz zum echten Safrankrokus *(C. sativus)* besitzen die Gartenkrokusse keine Heilwirkung.
Ungiftige Alternative März-Veilchen *(Viola odorata)*

GIFTIGE PFLANZENTEILE

BLÜTEZEIT

Jan	Feb	März	April	Mai	Juni	Juli	Aug	Sept	Okt	Nov	Dez

Wild-Alpenveilchen

Alpenveilchen
Cyclamen sp.

Aussehen Alle Alpenveilchen zeichnen sich durch die typische Blütenform aus, bei der die fünf Blütenblätter nach hinten gebogen sind. Der Blütenstängel wird bis zu 20 cm lang.

Standort Die meisten *Cyclamen*-Arten findet man in der Türkei, Südfrankreich, Nordafrika, Italien, Griechenland und auf den Balearen. Winterharte Wild-Alpenveilchen, wie z. B. *C. hederifolium, C. coum, C. purpurascens, C. cilicium, C. intaminatum* und *C. pseudibericum*, werden gern im Garten ausgepflanzt. Sie gedeihen am besten im lichten Schatten unter hohen Laub abwerfenden Gehölzen.

Wissenswertes Die Wild-Alpenveilchen breiten sich im Laufe der Jahre durch Selbstaussaat wie ein Teppich aus.

In der Knolle des Alpenveilchens finden sich verschiedene Triterpensaponine, unter anderem Cyclamin. Bereits 0,2 g der Knolle lösen erste Vergiftungserscheinungen aus und 8 g gelten schon als tödliche Dosis. Die Symptome nach oraler Aufnahme sind Übelkeit und Erbrechen, Schweißausbrüche sowie starke Magenbeschwerden mit Durchfällen. Beim Verzehr von sehr hohen Dosen erfolgt eine Atemlähmung, die zum Tod führen kann. Auch der Pflanzensaft wirkt bei Kontakt mit Haut und Augen entzündlich. Im Mittelmeergebiet wurden die giftigen Knollen einst zum Fischfang verwendet.

Ungiftige Alternative Gelber Frauenschuh *(Cypripedium calceolus)*

GIFTIGE PFLANZENTEILE

BLÜTEZEIT

| Jan | Feb | März | April | Mai | Juni | Juli | Aug | Sept | Okt | Nov | Dez |

Echte Hundszunge, Blüten und Früchte

Echte Hundszunge
Cynoglossum officinale

Aussehen Die zweijährige, krautige Pflanze wird bis zu 80 cm hoch. Bodennah sitzen rosettige Grundblätter, am Stängel behaarte, graugrüne und derbe Laubblätter. Die erst dunkelvioletten, später braunroten Blüten sind trichterförmige „Stieltellerblumen". Blütezeit ist von Mai bis Juli. Die widerhakigstacheligen Früchte bleiben in Tierfellen hängen und werden so als Kletthafter verbreitet, etwa durch Kaninchen.

Standort Die Echte Hundszunge kommt auf sonnigen Unkrautfluren, an Schuttplätzen, Wegrändern und auf Weiden vor. Sie bevorzugt eher trockene, sandige Böden.

Wissenswertes Alle Pflanzenteile, vor allem Blätter, Blüten und Wurzeln, enthalten giftige Pyrrolizidin-Alkaloide (Heliosuspin), die als Lebergift gelten. Für Pferde, Rinder, Kühe und Schweine sind höhere Dosen giftig. Nach dem Verzehr treten Vergiftungssymptome wie Appetitlosigkeit, häufiges Gähnen und Atembeschwerden auf, ferner leiden die Tiere unter Verstopfung, aber auch unter blutigem Durchfall und Krämpfen. Pferde etwa wandern ziellos umher, was man als „Walking Desease" bezeichnet. Vergiftungen mit der Echten Hundszunge können bei Tieren auch tödlich enden. Wegen der Giftigkeit ist die Verwendung der Wurzel als Heilpflanze heute unüblich.

Ungiftige Alternative Blauroter Steinsame *(Lithospermum purpurocaeruleum,* syn. *Buglossoides purpureocaeruleum)*

GIFTIGE PFLANZENTEILE

BLÜTEZEIT

| Jan | Feb | März | April | Mai | Juni | Juli | Aug | Sept | Okt | Nov | Dez |

Indischer Stechapfel, Blüte

Frucht

Indischer Stechapfel
Datura metel

Aussehen Diese krautige Pflanze wird in ihrer Heimat bis zu 2 m hoch. Typisch sind die gezackten Blätter. Die trichterförmigen, gelappten Blüten sind bis zu 15 cm lang.

Standort Diese aus Amerika stammende Pflanze kommt in den subtropischen und tropischen Regionen Asiens und Afrikas vor, in Europa wird sie als Zierpflanze kultiviert.

Wissenswertes In nativ-amerikanischen Kulturen hatten die stark giftigen Pflanzen sowohl zeremonielle als auch medizinische Bedeutung. Stechapfel wird seit Jahrtausenden als Heilkraut verwendet. So wurde beispielsweise der Rauch getrockneter Blätter zur Linderung von Asthma eingesetzt. Neben der medizinischen Bedeutung wird und wurde *Datura* als Rauschmittel zur Bewusstseinsveränderung verwendet. Zuni-Priester benutzten die Pflanze, um die Geister der Ahnen zu kontaktieren oder die Identität von Dieben zu ermitteln. Der Konsum von Teilen des Stechapfels kann zu schweren, kaum steuerbaren Halluzinationen führen, Horrortrips und Selbstverletzungen kommen vor. Verglichen mit anderen Drogen soll der Konsum auch äußerst unangenehm sei. Die Rauschwirkung kann mehrere Tage, bei hohen Dosierungen auch mehrere Wochen anhalten. Vergiftungssymptome reichen von Hautrötungen über Unruhezustände bis zum Tod durch Atemlähmung.

Ungiftige Alternative Trichtermalve *(Malope trifida)*

GIFTIGE PFLANZENTEILE

BLÜTEZEIT

| Jan | Feb | März | April | Mai | Juni | Juli | Aug | Sept | Okt | Nov | Dez |

Blauer Rittersporn

Rittersporn
Delphinium sp.

Aussehen Zu dieser großen Pflanzengattung zählen über 300 Arten, die bis zu 1,5 m hoch werden können. An hohen Stängeln stehen endständige, dichte Blütentrauben. Diese sind bei verschiedenen Zuchtarten und -sorten blau, rot und auch weiß gefärbt.

Standort Rittersporn stammt aus den europäischen Gebirgen und Nordasien.

Wissenswertes Der Rittersporn wurde bereits im antiken Griechenland als Heilmittel eingesetzt, so z. B als Mittel gegen Ungeziefer (spezielle Läuse) oder, was jedoch nicht ganz ungefährlich war, in Wein gemischt als Gegengift bei Skorpionstichen. Lange nutzte man auch die harn- und wurmtreibende Wirkung dieser Pflanze. Heutzutage findet Rittersporn keine medizinische Anwendung mehr. Rittersporn enthält in allen Pflanzenteilen, besonders aber in den Samen, giftige Alkaloide, die denen des Eisenhuts ähneln, aber schwächer wirken. Besonders Kinder sind gefährdet, da sie beim Spielen rasch Samen oder Blätter der Gartenformen verschlucken können. Nach dem Verzehr kommt es zu Magenreizungen mit Durchfall, Bewegungsstörungen und nervösen Zuckungen. Die Giftstoffe greifen auch die Herzmuskulatur an und erzeugen bei Kontakt Hautreizungen. Den höchsten Giftgehalt innerhalb der Gattung besitzt der Hohe Rittersporn *(D. elatum)*.

Ungiftige Alternative Phlox *(Phlox-Paniculata-*Hybriden)

GIFTIGE PFLANZENTEILE

BLÜTEZEIT

| Jan | Feb | März | April | Mai | Juni | Juli | Aug | Sept | Okt | Nov | Dez |

Tränendes Herz

Tränendes Herz, Zwergherzblume
Dicentra sp.

Aussehen Die ausdauernden, krautigen Pflanzen erreichen eine Wuchshöhe von 50–90 cm. Die Blätter sind mehrfach gefiedert, die rosa oder weißen Blüten sind am Grund herzförmig und zu je acht bis elf in einer überhängenden Traube angeordnet.

Standort Die Gattung ist in der gemäßigten Zone Nordamerikas und Ostasiens heimisch. Durch die weite Verbreitung vieler Arten als Zierpflanzen existieren viele neophytische Vorkommen, vor allem in Europa. Das Tränende Herz *(D. spectabilis)* ist bei uns am weitesten verbreitet. Diese beliebte Bauerngarten- und Schmuckpflanze kann aber auch verwildern. Die Zwergform des Tränenden Herz *(D. eximia)* eignet sich gut für kleine Beete im Schatten. Sie liebt frischen, humusreichen Boden im Streu- oder Halbschatten.

Wissenswertes Die Gattung verdankt ihren deutschen Namen der Blütenform, dem Herz. Auch wenn so gut wie keine Vergiftungen durch *Dicentra* gemeldet werden, da sich die höchste Dosis an giftigen Alkaloiden (etwa Bulbocapnin) vorwiegend in der Wurzel befindet, sollte man beim Umgang mit ihr stets Handschuhe tragen. Der Kontakt kann nämlich Hautreizungen und -entzündungen auslösen. Bei oraler Einnahme kommt es zu Brennen im Mund, Magen- und Darmbeschwerden, auch zu Lähmungserscheinungen.

Ungiftige Alternative Adlumie *(Adlumia fungosa)*

GIFTIGE PFLANZENTEILE

BLÜTEZEIT

Jan Feb März **April** **Mai** Juni Juli Aug Sept Okt Nov Dez

Diptam, Blüten

Früchte

Diptam
Dictamnus albus

Aussehen　Diese mehrjährige Pflanze wird bis zu 1,2 m hoch. Die einfachen, dunkelgrünen Blätter sind unpaarig gefiedert. Die zahlreichen Öldrüsen geben eine stark nach Vanille und Zitrone duftende, leicht entflammbare Substanz ab. Die Blüten stehen in einer endständigen, mit Drüsen besetzten Traube. Die Früchte sind fünfteilige Kapseln, die große, schwarze Samen produzieren. Diese Samen werden bei der Reife weit herausgeschleudert.
Standort　Der Diptam kommt in Mittel- und Südeuropa sowie in Asien vor. Er bevorzugt trockene, sonnige Lebensräume mit Kalkboden und ist unter Gebüschen, an Waldrändern und auf Trockenrasen zu finden.
Wissenswertes　Wegen der schnell entflammbaren Öle aus den Öldrüsen kam die Pflanze zu ihrem Zweitnamen „Brennender Busch", von dem auch schon in der Bibel die Rede ist. Diptamextrakte wurden früher zur Wundheilung bei Speer- und Pfeilwunden genutzt. Der Saft von Diptam wirkt sehr reizend auf die Haut und reagiert fototoxisch. Zusammen mit Sonnenlicht kann er nämlich zu Hautverbrennungen (Fotodermatitis) auf den betroffenen Stellen führen. Nach Verzehr kann der Diptam wegen seines Gehalts an Furanocumarin- und Furochinolin-Alkaloiden erbgutverändernd wirken. Daher gilt sein Gift als sehr mutagen und krebserregend.
Ungiftige Alternative　Lavendel *(Lavandula angustifolia)*

GIFTIGE PFLANZENTEILE

BLÜTEZEIT

Jan	Feb	März	April	Mai	Juni	Juli	Aug	Sept	Okt	Nov	Dez

Roter Fingerhut

Großblütiger Fingerhut

Fingerhut
Digitalis sp.

Aussehen Der Rote Fingerhut *(D. purpurea)* ist die bei uns am meisten verbreitete Fingerhutart. Er wird 30–150 cm hoch. Die roten oder weißen Blüten weisen alle in eine Richtung.

Standort Der Rote Fingerhut wächst auf Waldlichtungen, an Kahlschlägen sowie an Waldrändern in Europa. Häufig sieht man ihn auch als Zierpflanze in Gärten.

Wissenswertes Die aus dem Roten Fingerhut gewonnenen Digitalispräparate sind die bekanntesten Herzmittel. Sie kräftigen den Herzmuskel und beeinflussen den Herzschlag. Der Großblütige Fingerhut *(D. grandiflora)* und der Gelbe Fingerhut *(D. lutea)*, beides keine Medizinpflanzen, sind geschützt. Alle *Digitalis*-Arten sind in allen Pflanzenteilen stark giftig. Vorwiegend in den Blättern sind die hochgiftigen Digitalisglykoside enthalten. Besonders spielende Kinder sind gefährdet, da sie Pflanzenteile in den Mund stecken. Aus diesem Grunde sollten Familien mit kleinen Kindern keinen Fingerhut im Garten anpflanzen. Nach dem Verzehr treten zunächst Übelkeit und Erbrechen auf, später kommen Sehstörungen und verminderte Pulsfrequenz hinzu. Im weiteren Verlauf kann der Puls auf unter 20 Schläge pro Minute sinken. Schließlich führen Herzrhythmusstörungen und Herzstillstand zum Tod. Die tödliche Dosis liegt schon bei 2,5 g Blätter.

Ungiftige Alternative Marien-Glockenblume *(Campanula medium)*

GIFTIGE PFLANZENTEILE

BLÜTEZEIT

Jan	Feb	März	April	Mai	Juni	Juli	Aug	Sept	Okt	Nov	Dez

Gemeiner Wurmfarn

Junger Wedel, „Bischofsstab"

Gemeiner Wurmfarn
Dryopteris filix-mas

Aussehen Die Wedel dieses Farns, die bis in den Winter grün bleiben, sind in Rosetten angeordnet. Sie erreichen eine Länge von 30–160 cm. Der kurze Blattstiel ist locker mit gelb-braunen Spreuschuppen besetzt. Auf der Blattunterseite befinden sich Sporenlager, aus denen von Juli bis September die Sporen frei werden.

Standort Der Wurmfarn ist sehr häufig in frischen Wäldern, Gebüschen und Waldschlägen sowie in sumpfigen Gebieten anzutreffen. Seine Heimat liegt in den gemäßigten Zonen Europas, Asiens und Amerikas.

Wissenswertes Aus dem Rhizom des Gemeinen Wurmfarns werden Phloroglucinderivate hergestellt, die in Wurmmitteln zum Einsatz kommen. Der Gebrauch dieser Farnwurzel als Wurmmittel geht bis ins Altertum zurück. Im 18. Jahrhundert war die Pflanze oft Bestandteil von geheimen Heilmitteln, in denen auch kräftige Abführmittel enthalten waren und die sehr teuer gehandelt wurden. Eine entsprechende Rezeptur stellte auch der Apotheker Daniel Matthieu her. Friedrich der Große kaufte sie ihm für eine Jahresrente von 200 Talern ab und verlieh dem Apotheker zudem noch den Titel eines Hofrats. Bei Einnahme einer zu hohen Dosis an Wurmfarn kann es zu Sehstörungen, Blindheit, Krämpfen und auch zum Tod durch Atemstillstand kommen.

Ungiftige Alternative Garten-Astilbe (*Astilbe-Arendsii*-Hybriden)

GIFTIGE PFLANZENTEILE

Die Pflanze bildet keine Blüten aus.

Purpurroter Sonnenhut

Blüte

Purpurroter Sonnenhut
Echinacea purpurea

Aussehen Die Blätter dieser beliebten, horstbildenden Gartenstaude sind lang gestielt. Die Blüten bilden ein Blütenköpfchen aus 3–4 cm langen Zungenblüten von rotvioletter Farbe und rotbraunen Röhrenblüten. Die Blütezeit liegt zwischen Juli und September.

Standort Die Heimat des Sonnenhuts liegt in Nordamerika. Heutzutage wird diese Pflanze weltweit als Arznei- und Zierpflanze angebaut und gepflanzt. Sie bevorzugt einen sonnigen Platz mit etwas feuchterem Boden.

Wissenswertes Der Sonnenhut ist als alte Heilpflanze bekannt. Die Indianer Nordamerikas nutzten ihn gegen verschiedene Infektionskrankheiten wie Husten, Halsschmerzen und Mandelentzündung. Heute wird er zur heilenden Unterstützung bei Atemwegs- oder Harnwegsinfekten sowie äußerlich bei schlecht heilenden Wunden eingesetzt. Aus den oberirdischen Pflanzenteilen werden Tees hergestellt. 2007 haben US-Wissenschaftler in 14 medizinischen Studien die Wirksamkeit von *Echinacea*-Präparaten bestätigt. Sie reduzieren die Gefahr einer Infektion um 60 %. *Echinacea purpurea* gilt als leicht giftig, ganz nach Paracelsus' Leitsatz: „All Ding' sind Gift und nichts ohn' Gift; allein die Dosis macht, das ein Ding kein Gift ist."

Ungiftige Alternative Pyrenäen-Margerite (*Leucanthemum-Maximum*-Hybriden 'Silberprinzesschen', syn. *Chrysanthemum-Maximum*-Hybride)

GIFTIGE PFLANZENTEILE

BLÜTEZEIT

Jan	Feb	März	April	Mai	Juni	Juli	Aug	Sept	Okt	Nov	Dez

Natternkopf

Natternkopf
Echium sp.

Aussehen In Mitteleuropa sind fast alle Vertreter von *Echium* krautige Pflanzen. Die wechselständigen Blätter sind ungeteilt, die Blüten meist blau.

Standort Die Arten dieser Gattung finden sich in Europa und Amerika. Sie wachsen auf sandigen, trockenen, sonnigen Standorten.

Wissenswertes Der Deutsche Name Natternkopf leitet sich von den auffallenden Griffeln ab, die am Ende wie Schlangenzungen gespalten sind. Alle *Echium*-Arten enthalten Pyrrolizid-Alkaloide, giftige Verbindungen, die sich nicht bei der Verdauung oder Silage abbauen. Fressen Kühe, Schafe oder Ziegen Pflanzen mit diesem Giftstoff, so geht er auch in die Milch über. Nehmen Honigbienen den Nektar von *Echium*-Blüten auf, so gelangt dieses Alkaloid auch in den Honig. Um Gesundheitsrisiken für Honigverbraucher auszuschließen, dürfen Bienenstöcke deshalb nicht in der Nähe von Natternkopfarten aufgestellt werden. In der Volksmedizin wurde der Natternkopf gegen Blutungen und Diabetes eingesetzt, darf aber wegen seiner leberschädigenden, potenziell krebserregenden Wirkung nicht mehr verwendet werden. Kinder reagieren sehr schnell auf die Haarborsten vom Natternkopf mit Hautreizungen. Für Haustiere wie Nager (Hamster, Meerschweinchen, Kaninchen, Mäuse, etc.) ist diese Pflanze giftig.

Ungiftige Alternative Ysop *(Hyssopus officinalis)*

GIFTIGE PFLANZENTEILE

BLÜTEZEIT

Jan	Feb	März	April	Mai	Juni	Juli	Aug	Sept	Okt	Nov	Dez

Winterling

Winterling
Eranthis hyemalis

Aussehen Der Winterling ist eine bodendeckende, krautige Pflanze, die nur ca. 15 cm hoch wird. Mit ihren gelben Blüten gehört sie zu den ersten Blumen. Das Blatt erscheint erst nach der Blüte.

Standort Die ursprüngliche Heimat des Winterling liegt in Südeuropa, wo er vor allem in Laubwäldern wächst. Bei uns wird er als Zierpflanze kultiviert, die auch verwildert.

Wissenswertes Durch seine frühe Blüte ist der Winterling eine wichtige Futterquelle für Insekten. Leider werden immer noch viele Knollen des Winterlings aus Wildbeständen entnommen und nicht aus heimischen Produktionen verkauft. Eine der Hauptexportländer für Winterlinge ist die Türkei, durch Exportbeschränkungen versucht man die dortigen Wildbestände zu schützen. Der Winterling ist eine stark giftige Pflanze. Insbesondere die Knollen enthalten dieselben Glykoside wie der Fingerhut, die äußerst herzgiftig sind. Zu den Vergiftungserscheinungen, die durch Winterling ausgelöst werden können, zählen Atemnot, Erbrechen, Übelkeit sowie unregelmäßiger und verlangsamter Pulsschlag mit teilweise unter 40 Schlägen pro Minute. Besonders auffällig ist ein verändertes Farbsehen. Der Tod kann durch Herzstillstand mit Kammerflimmern eintreten. Auch für Tiere ist der Winterling sehr stark giftig.

Ungiftige Alternative Kaukasus-Gämswurz *(Doronicum orientale)*

GIFTIGE PFLANZENTEILE

BLÜTEZEIT

| Jan | Feb | März | April | Mai | Juni | Juli | Aug | Sept | Okt | Nov | Dez |

Prärie-Kokardenblume

Prärie-Kokardenblume
Gaillardia aristata

Aussehen Diese Staude wird bis zu 70 cm hoch. Mit 29 verwandten Arten zugehört diese Gattung zur Familie der Korbblütler. Die in der Mitte rotbraunen, außen gelben Korbblüten blühen vom Frühsommer bis zum ersten stärkeren Frost.

Standort Die Kokardenblume stammt ursprünglich aus den USA. Sie bevorzugt nährstoffreichen, humosen und durchlässigen Boden in einer sonnigen Lage.

Wissenswertes Von der Kokardenblume existieren mittlerweile zahlreiche Kulturformen. Die Farbpalette reicht von reingelben bis zu braunroten Sorten. Alle Hybriden eignen sich für große Staudenbeete. Die Pflanzen haben einen hohen ökologischen Wert, da sie während der langen Blütezeit ein guter Nektarlieferant für Schmetterlinge und andere Insekten sind.

Obwohl die Prärie-Kokardenblume eine sehr attraktive und langhaltende Schnittblume ist, sollte man sie nicht ohne Handschuhe schneiden. Die Pflanze enthält Sesquiterpenlactone, die zu starken Kontaktallergien führen können. Bei Kontakt mit der Pflanze kann es daher sehr schnell zu Hautrötungen und Schwellungen an Händen und Hals kommen. Besonders Gärtner, die viel mit diesen Pflanzen zu tun haben, leiden häufig an starker Kontaktdermatitis.

Ungiftige Alternative Schaf-Garbe, Hohe Garbe (*Achillea* sp.)

GIFTIGE PFLANZENTEILE

BLÜTEZEIT

Jan	Feb	März	April	Mai	Juni	Juli	Aug	Sept	Okt	Nov	Dez

Gottes-Gnadenblume

Gottes-Gnadenblume
Gratiola officinalis

Aussehen Die weißen bis blassrosafarbenen Blüten der *Gratiola* erscheinen im Juli und August. Interessant sehen die Laubblätter aus, die durch die eingesenkten Drüsenhaare wie punktiert wirken.

Standort *Gratiola officinalis* liebt feuchte Standorte, die periodisch immer mal wieder abtrocknen. So findet man diese heimische Pflanze an Regenüberlaufbecken genauso wie auf Feuchtwiesen.

Wissenswertes Der Name Gottes-Gnadenblume deutet auf die angenommenen, heilsamen Wirkungen der Pflanze hin, weshalb sie auch lange Zeit gegen Gicht und Verstopfung genommen wurde. Auch die Legende, das *Gratiola officinalis* auf Frauen extrem aphrodisierend wirkt, verhalf dem Kraut zu einem großen Bekanntheitsgrad.

Heute weiß man, dass die ganze Pflanze wegen ihrem Gehalt an Curcurbitacinen giftig ist. Diese Substanzen sind ein starkes Zellgift, das sehr leicht zu Fehlgeburten führen kann. Eine akute Vergiftung nach dem Verzehr von *Gratiola officinalis* äußert sich durch Übelkeit, Erbrechen, heftige Durchfälle und Sehstörungen, besonders bei der Farbwahrnehmung. Eine beginnende Nierenschädigung macht sich durch Brennen in den Harnwegen bemerkbar. Das Gift dieser Pflanze wird auch über die Milch von Kühen, Schafen und Ziegen weitergegeben, die sie gefressen haben.

GIFTIGE PFLANZENTEILE

BLÜTEZEIT

| Jan | Feb | März | April | Mai | Juni | **Juli** | **Aug** | Sept | Okt | Nov | Dez |

Vanilleblume

Strauchige Sonnenwend, Vanilleblume
Heliotropium arborescens

Aussehen Die Vanilleblume ist eine immergrüne Pflanze, die eine Höhe von bis zu 1 m erreichen kann. Sie zeichnet sich durch eine lange Blühzeit aus, die vom Frühsommer bis weit in den Herbst verläuft. Die violetten bis lavendelblauen Blüten duften angenehm nach Vanille.

Standort Ursprünglich stammt die Vanilleblume aus den peruanischen Anden. Sie benötigt zum Gedeihen einen sonnigen bis halbschattigen Standort.

Wissenswertes In Europa ist die Vanilleblume ist eine sehr beliebte Beet- und Balkonpflanze, die in unseren Regionen nicht winterhart ist und deshalb als einjährige Kultur angeboten wird. Die neuen Züchtungen variieren in der Blattfarbe und Blütenfarbe. In der homöopathischen Medizin, d. h. in geringen Potenzen, werden die frischen oberen, blühenden Teile bei Kehlkopfentzündung und bei Gebärmutterverlagerung eingesetzt. Alle Pflanzenteile sind giftig. Nach dem Genuss kommt es zu Pupillenerweiterung, Lähmung des Atemzentrums und Herzstillstand. In den Ursprungsländern sind sogar Todesfälle durch mit Samen von *Heliotropium* verunreinigtem Brot bekannt. Familien mit kleinen Kindern und Haustieren sollten deshalb wegen der starken Giftigkeit generell auf diese Pflanze verzichten.

Ungiftige Alternative Chinesischer Roseneibisch *(Hibiscus rosa-sinensis)*

GIFTIGE PFLANZENTEILE

BLÜTEZEIT

Jan	Feb	März	April	Mai	Juni	Juli	Aug	Sept	Okt	Nov	Dez

Christrose *(Helleborus niger)*

Grüne Nieswurz *(Helleborus viridis)*

Nieswurz
Helleborus sp.

Aussehen Die ungefähr 25 Arten umfassende Gattung *Helleborus* gehört zur Familie der Hahnenfußgewächse. Die krautigen Pflanzen besitzen große, geteilte Laubblätter. Sie blühen in Rot bis Violett oder Weiß bis Grün.

Standort Wilde *Helleborus*-Arten sind über Kleinasien, Nordamerika und Europa verbreitet. Alle Kultursorten des *Helleborus* brauchen halbschattige, geschützte Standorte.

Wissenswertes Der deutsche Name kommt daher, dass das geriebene Pulver der Wurzel dieser Pflanze einen Niesreiz auslöst. Alle Nieswurzarten sind sehr giftig. Ihre Giftwirkung war schon im Altertum bekannt. So besagt eine Legende, dass Solon im Jahr 600 v. Chr. als Kriegslist einen Bach mit zerkleiner-

ten *Helleborus*-Rhizomen vergiftet und auf diese Weise den Feind kampfunfähig gemacht hat. Die Nieswurz ist eine sehr schöne Schnittblume, die aufgrund ihrer hohen Giftigkeit nur mit Handschuhen geschnitten werden darf. Symptome einer Vergiftung sind außer Übelkeit, Koliken und einer Pupillenerweiterung auch die bei Herzglykosidvergiftungen bekannten Atem- und Herzsymptome wie Kammerflimmern und Koma. Aber auch Verhaltensauffälligkeiten wie Rastlosigkeit sind typisch für eine Vergiftung mit *Helleborus*. Alle Nieswurzarten sind sehr tiergiftig. Der Verzehr geringster Mengen ist für Katzen tödlich .

Ungiftige Alternative Weiße Silberwurz *(Dryas octopetala)*

GIFTIGE PFLANZENTEILE

BLÜTEZEIT

| Jan | Feb | März | April | Mai | Juni | Juli | Aug | Sept | Okt | Nov | Dez |

Wiesen-Bärenklau *(H. sphondylium)*   Herkulesstaude *(H. mantegazzianum)*

Bärenklau, Herkulesstaude
Heracleum sp.

Aussehen Diese doldenblütigen Stauden der Gattung *Heracleum*, von der rund 60 Arten bekannt sind und die stattliche Größen erreichen können, besitzen sehr große, breitgelappte, ein- bis dreifiederige Blätter.

Standort Die Art stammt ursprünglich aus dem Kaukasus, hat sich aber mittlerweile in Europa und Nordamerika ausgebreitet. Dort ist sie vorwiegend an Wald- und Straßenrändern zu finden, ist aber auch schon in Hausgärten vorgedrungen.

Wissenswertes Die Herkulesstaude wurde 2008 zur Giftpflanze des Jahres gewählt. Alle Pflanzenteile, insbesondere Blätter, Wurzeln und der Stängelsaft, sind stark reizend. Der höchste Gehalt der fototoxisch wirksamen, mit Licht zusammenwirkenden Substanzen wird von April bis Mai in den Pflanzen gefunden. Nach Hautkontakt mit *Heracleum* kann es in Verbindung mit UV-Strahlen und Feuchtigkeit zu einer Hautentzündung kommen. Diese Verletzungen gleichen im Aussehen Verbrennungen ersten und zweiten Grades. Die Hautschäden sind oft massiv und bleiben sehr lange, oft bis zu mehrere Wochen bestehen. Sie heilen unter der Bildung von Narben oder Pigmentierungen nur schlecht ab. Daher muss beim Entfernen der Staude für einen ausreichenden Haut- und Augenschutz gesorgt werden.

Ungiftige Alternative Handlappiger Rhabarber *(Rheum palmatum)*

GIFTIGE PFLANZENTEILE

BLÜTEZEIT

Jan	Feb	März	April	Mai	Juni	Juli	Aug	Sept	Okt	Nov	Dez

Garten-Hyazinthe

Garten-Hyazinthe
Hyacinthus orientalis

Aussehen *Hyacinthus*-Arten sind ausdauernde, krautige Zwiebelpflanzen. Sie besitzen glänzend grüne, schmale Laubblätter, die gleichzeitig mit den Blüten erscheinen. Die Blütenfarbe der Wildform ist fast immer blau, während die Blütenfarben der Zuchtformen von Blau, Violett, Rosa und Pink über Gelb und Aprikot bis zu Weiß variieren. Die Blüten, die von März bis April erscheinen, duften durchdringend süß.

Standort Hyazinthen haben ein großes natürliches Verbreitungsgebiet, das vom Nahen Osten bis nach Südturkmenistan und Nordostiran reicht. Im Garten gedeihen sie am besten auf nährstoffreichen, durchlässigen Böden. Sortenabhängig können sie verwildern bzw.

saisonal auch als Zimmerpflanze gehalten werden. Wegen ihrem starken Duft ist sie aber nicht für Schlafräume geeignet.

Wissenswertes Im Umgang mit Hyazinthenzwiebeln kann es zu Hautreizungen kommen, was auf den Gehalt an Oxalat-Schießzellen (s. S. 31) zurückzuführen ist. Für Menschen ist die Pflanze nur schwach giftig, für Pferde, Hunde und Katzen, Nager sowie für Vögel hingegen giftig. Deshalb sollten Haustierbesitzer auf Hyazinthen in Haus und Garten verzichten. Nach dem Verzehr von Pflanzenteilen, deren Giftstoffe reizend wirken, kommt es zu Schluckbeschwerden, Speichelfluss, Durchfällen, Erbrechen und Magen-Darmbeschwerden.

GIFTIGE PFLANZENTEILE

BLÜTEZEIT

| Jan | Feb | März | **April** | **Mai** | Juni | Juli | Aug | Sept | Okt | Nov | Dez |

Schwarzes Bilsenkraut

Blüten

Schwarzes Bilsenkraut
Hyoscamus niger

Aussehen Das Schwarze Bilsenkraut hat weiche, behaarte Triebe und hellgrüne, behaarte Blätter. Die trichterförmigen, gelben oder grünlichen Blüten verströmen einen sehr abstoßenden Geruch.

Standort Aus Nordafrika und Südwestasien stammend ist das Schwarze Bilsenkraut nun in ganz Europa heimisch. Man findet es an Straßenrändern, Hängen, auf Brachland und Schuttgelände.

Wissenswertes Früher wurde das Bilsenkraut als Droge verwendet. Es spielte eine große Rolle als Betäubungsmittel und Halluzinogen im Hexenwesen. Auch heute hat es einen festen Platz in der Medizin. So werden Blätter des Bilsenkrauts sowie reines Hyoscyamin, das in der Pflanze enthalten ist, gegen Krämpfe des Magendarmtrakts und in der Augenheilkunde eingesetzt. In der Antike und im Mittelalter war die Pflanze als Mord- und Selbstmordmittel gebräuchlich. In der pharmazeutischen Industrie wird die Wurzel zur Gewinnung von Alkaloiden eingesetzt.

Die ganze Pflanze, vor allem die Wurzeln und die Samen, sind sehr stark giftig. Die tödliche Dosis beträgt bei Kindern rund 15 Samen. Vergiftungen werden allerdings selten gemeldet. Diese äußern sich durch starken Rededrang des Betroffenen, Euphorie, einen ungeordneten, starken Bewegungsdrang, Schüttelkrämpfe, weite, lichtstarre Pupillen und Störungen der Sprache.

GIFTIGE PFLANZENTEILE

BLÜTEZEIT

| Jan | Feb | März | April | Mai | **Juni** | **Juli** | **Aug** | **Sept** | **Okt** | Nov | Dez |

Taumel-Lolch

Taumel-Lolch
Lolium temulentum

Aussehen Der Taumel-Lolch ist ein bläulich grünes Gras. Die Blütezeit der Ähren liegt zwischen Juni und August.

Standort In Deutschland ist diese Art eine vom Aussterben bedrohte Pflanze, die als Zeigerpflanze für frischen, nährstoffreichen, kalkhaltigen Lehm- und Lössboden steht.

Wissenswertes Die Samen des Taumel-Lolches wurden früher absichtlich dem Bier beigemischt, um eine noch stärkere Rauschwirkung zu erzielen. Vergiftungssymptome nach dem Genuss sind Taumeln, Kopfschmerzen, Sehstörungen und eingeschränktes Denkvermögen. Weiterhin kommt es zu starkem Erbrechen sowie Magen- und Darmbeschwerden. Der Vergiftete wird schläfrig bis hin zur Schlafsucht, Tod kann durch Atemlähmung eintreten. Durch Lolchfrüchte, die im Getreide enthalten waren, kam es früher zu Massenvergiftungen. Seit dem gezielten Einsatz von Pestiziden gehören diese Vergiftungsfälle jedoch der Vergangenheit an. Der Taumel-Loch ist vor allem für Pferde und Schweine stark giftig. Rinder und Kühe sind weniger gefährdet. Tiere, die diese Pflanze gefressen haben, zeigen Symptome wie Benommenheit, unregelmäßiges Atmen, Taumeln, Störungen des Gleichgewichts sowie Lähmungen und Krämpfe. Auch Tobsuchtsanfälle wurden schon dokumentiert, Todesfälle hingegen kommen selten vor. Auch Pferde erholen sich nach einer Vergiftung recht gut.

GIFTIGE PFLANZENTEILE

BLÜTEZEIT

Jan	Feb	März	April	Mai	Juni	Juli	Aug	Sept	Okt	Nov	Dez

Rosa Lupinen

Lupine
Lupinus sp.

Aussehen   Lupinen können bis zu 1 m hoch werden. Die Blüten zeigen arttypische Farben, etwa bei der Gelben Lupine *(Lupinus luteus)*, der Weißen Lupine *(L. albus)*, der Schmalblättrigen Lupine *(L. angustifolius)* und der Vielblättrigen Lupine *(L. polyphyllus)*. Die Samen reifen in behaarten, eingeschnürten Hülsen.

Standort   Die ursprünglich aus Nordamerika stammende Art wurde in Europa eingeführt. Man findet sie in Gärten und als Straßenbegleitgrün ebenso wie an Waldrändern.

Wissenswertes   Lupinen dienen der Bodenverbesserung, da sie mit Hilfe von Knöllchenbakterien Stickstoff im Boden aufbauen. Deshalb werden sie gern im Gemüsebeet als Gründünger angebaut.

Die Samen einiger Lupinenarten sind stark giftig. Die meisten Lupinenvergiftungen treten bei Tieren auf. Gefährdet sind vor allem Weidetiere, die nach Verzehr unter Unruhe, Zittern und Atemnot leiden. Pferde sondern sich von der Herde ab und haben Schaum vor dem Maul. Zudem verfärben sich die Schleimhäute bläulich und die Atmung ist schwer. Der Tod tritt dann bei vollem Bewusstsein durch eine Lähmung der Atmung ein. Fressen Muttertiere während der Tragzeit Lupinensamen, kann es zum „Crooked-Calf"-Syndrom kommen, bei dem das Fohlen Fehlbildungen der Wirbelsäule und der Vorderbeine zeigt.

Ungiftige Alternative   Sommer-Salbei *(Salvia nemorosa)*

GIFTIGE PFLANZENTEILE

BLÜTEZEIT

| Jan | Feb | März | April | Mai | Juni | Juli | Aug | Sept | Okt | Nov | Dez |

Tomatenfrüchte

Tomate
Lycopersicon esculentum

Aussehen Tomaten sind sehr bekannte Gartenpflanzen, die je nach Sorten bis zu 1,50 m hoch werden können. Die gelben Blüten entwickeln sich zu Früchten in den verschiedensten Farben und Formen. Es gibt ca. 10 000 verschiedene Spielarten von Tomatenfrüchten.

Standort Die Tomate stammt aus Süd- und Mittelamerika. Weltweit wird sie als Gemüsepflanze kultiviert.

Wissenswertes Alle grünen Teile der Tomate sind giftig. Insbesondere bei Kindern können schon geringe Dosen von grünen Tomaten Vergiftungssymptome hervorrufen. Tomatenkraut und unreife Früchte verursachen bei Pferden Entzündungen der Schleimhäute und Ekzeme.

Rote Tomaten dagegen sind gesundheitsfördernd, sie sollen vor Krebs schützen und senken bei täglichem Genuss das Risiko für durch Ablagerungen in den Arterien hervorgerufene Herz-Kreislauf-Krankheiten um 30 %. Über 300 Jahre hat es gedauert, bis sich die Erkenntnis durchzusetzen begann, dass „Paradeiser" oder „Liebesäpfel", wie man sie nannte, auch äußerst schmackhaft und gesund sind. Obwohl sie aus bis zu 94 % Wasser bestehen, sind in den verbleibenden 6 % eine große Menge gesunder und heilsamer Inhaltsstoffe enthalten. Man kann sogar sagen, dass Tomaten reine Vitaminbomben sind. Sie stärken das Immunsystem und lösen abgelagerte Harnstoffe aus dem menschlichen Organismus.

GIFTIGE PFLANZENTEILE

 (unreif)

BLÜTEZEIT

Jan	Feb	März	April	Mai	Juni	Juli	Aug	Sept	Okt	Nov	Dez

Alraune, Blüten

Samen

Alraune
Mandragora officinarum

Aussehen Diese mehrjährige Pflanze zeigt auf der Erdoberfläche nur eine einzige Blattrosette. Die dunkelgrünen, am Rande gekräuselten Blätter besitzen eine runzelige Oberfläche. Die glockenförmigen Blüten, die vom Frühjahr bis zum Herbst zu sehen sind, sind violett gefärbt und stehen in Gruppen beisammen. Die Beeren sind gelb bis orangefarben.

Standort Beheimatet ist die Alraune in östlichen Mittelmeergebieten. Dort ist sie auf Ödland zu finden. Die Pflanze ist nur in milden Gegenden winterhart.

Wissenswertes Die ganze Pflanze ist stark giftig. Eine Menge von 50 mg Pflanzenteilen kann tödlich sein. Daher war die Alraune früher ein beliebtes Mordmittel. Alrauneextrakte wurden von „Zauberern und Hexen" des Mittelalters zusammen mit der *Datura* und dem Bilsenkraut zur Herstellung der Hexensalben verwendet. Die Aufnahme des Giftes ist auch über unverletzte Hautstellen möglich. Innerhalb sehr kurzer Zeit, schon nach etwa 15 Minuten, kommt es zu einer sehr starken, auch erotischen Erregung. Rauheit, Trockenheit und ein Kratzen macht sich in Mund- und Rachenbereich bis hin zum Kehlkopf breit. Diese Symptome verstärken sich bis zu einer starken Euphorie, in der große Heiterkeit und Lachlust, aber auch Weinkrämpfe auftreten können. Der Tod tritt durch Atemstillstand ein. Vergiftungen treten heute durch Blätter der Alraune auf, die versehentlich im Salat landen.

GIFTIGE PFLANZENTEILE

BLÜTEZEIT

| Jan | Feb | März | April | Mai | Juni | Juli | Aug | Sept | Okt | Nov | Dez |

Weinbergs-Traubenhyazinthe

Weinbergs-Traubenhyazinthe
Muscari neglectum

Aussehen Die Traubenhyazinthe erkennt man an den aufrechten Blütentrauben und den bogigen Blättern. Sehr dekorative, dichte Blütentrauben mit kleinen, blauen, krugförmigen Glöckchen zeichnen die Pflanze aus. *Muscari neglectum* duftet von allen *Muscari*-Arten am stärksten, der aromatische Duft erinnert an reife Pfirsiche.

Standort Diese Pflanze kam aus der Türkei und dem Nahen Osten zu uns nach Europa. Als wärmeliebende Art gedeiht sie im Garten an allen Trockenstandorten, wie im Steingarten, an der Trockenmauer oder als Dachbegrünung.

Wissenswertes Die Weinbergs-Traubenhyazinthe wird verbreitet als Zierpflanze in Rabatten und Umrandungen genutzt und kommt in Weinbergen häufig als Unkraut vor. Bei massenhaftem Vorkommen im Garten sollte man sie direkt nach dem Abblühen abschneiden. Andere Traubenhyazinthen für den Garten sind *Muscari armeniacum, M. botryoides* sowie *M. latifolium.* Traubenhyazinthen gelten als Abwehrpflanzen für Mäuse. Sie werden als gering giftig eingestuft. Zu Verwechslungen kommt es nur mit der Schopfigen Traubenhyazinthe *(Muscari comosum)*, der einzigen essbaren Traubenhyazinthenart. Die Zwiebeln nur von dieser Art *M. comosum* werden gekocht oder in Essig eingelegt. In Kreta etwa können sie wie Gemüsezwiebeln im Laden gekauft werden.

GIFTIGE PFLANZENTEILE

BLÜTEZEIT

| Jan | Feb | März | April | Mai | Juni | Juli | Aug | Sept | Okt | Nov | Dez |

Osterglocken

Narzisse, Osterglocke
Narcissus sp.

Aussehen Osterglocken gehören zu den beliebtesten Zwiebelgewächsen. Ihre Blüten sind gelb oder weiß, die frühe Blühzeit liegt zwischen März und Mai. Neben den zahlreichen Gartenarten und ihren Hybriden sind die Gelbe Narzisse *(Narcissus pseudonarcissus)* und die Weiße Narzisse *(N. poeticus)* am weitesten verbreitet.

Standort Wild wachsen die *Narcissus*-Arten auf kalkarmen Bergwiesen und in lichten Wäldern im südlichen und westlichen Europa. An natürlichen Standorten sind die Osterglocken allerdings selten geworden. Man trifft sie heute fast nur noch in Gärten an.

Wissenswertes Die gesamte Pflanze ist sehr giftig, aber hauptsächlich die Zwiebeln enthalten verschiedene Alkaloide. Vergiftungen sind durch eine Verwechslung der Narzissenzwiebel mit der Küchenzwiebel möglich. Auch das Blumenwasser der Osterglocken ist giftig. So besteht stets für Kinder und Haustiere eine Vergiftungsgefahr. Die Symptome nach oraler Einnahme sind Übelkeit und Erbrechen, Schweißausbrüche und Durchfall. Bei einer starken Vergiftung kann es auch zu Lähmungen und zum Kollaps kommen. Dies kann tödlich enden. Der Saft der Narzissen kann bei Gärtnern und Floristen zu Hautentzündungen, der sogenannten Narzissendermatitis, führen. Daher ist das Tragen von Handschuhen beim Kontakt mit der Pflanze unerlässlich.

GIFTIGE PFLANZENTEILE

BLÜTEZEIT

| Jan | Feb | **März** | **April** | **Mai** | Juni | Juli | Aug | Sept | Okt | Nov | Dez |

Island- Mohn

Island-Mohn
Papaver nudicaule

Aussehen Man erkennt diese krautige Pflanze sehr gut an der am Stängelende sitzenden Blüte, die sehr auffällig hellgelb, weiß und orangegelb bis rot gefärbt ist. Der Island-Mohn blüht zwischen April und September.

Standort *Papaver nudicaule* wächst auf sauren oder neutralen bis alkalischen Böden an sonnigen bis halbschattigen, trockenen bis feuchten Plätzen von Kasachstan bis Alaska. In unseren Gärten findet der Island-Mohn Verwendung im Steingarten und Rabatten. Besonders attraktiv wirkt er im Balkonkasten.

Wissenswertes Die zahlreichen Zuchtformen in verschiedenen Farben machen den Island-Mohn zu einer beliebten Gartenzierpflanze, zudem ist der Island-Mohn eine sehr gute Schnittblume. Im Gegensatz zu seinem Verwandten, dem Schlaf-Mohn *(Papaver somniferum)*, ist der Island-Mohn weniger giftig. Der Milchsaft der Kapsel enthält giftige Isochinolin-Alkaloide, unter anderem Amuronin und Chelidonin. Die leicht giftigen Blüten und Samen des Island-Mohns wirken nach dem Verzehr extrem schweißtreibend, während 400 mg des Morphins aus der Kapsel des sehr giftigen Schlafmohns tödlich sind. Jedoch wurden schon schwere Vergiftungsfälle durch Beruhigungstees, in denen die getrockneten Kapseln von *Papaver nudicaule* enthalten waren, gemeldet.

Ungiftige Alternative Färber-Hundskamille *(Anthemis tinctoria)*

GIFTIGE PFLANZENTEILE

BLÜTEZEIT

Jan	Feb	März	April	Mai	Juni	Juli	Aug	Sept	Okt	Nov	Dez

Gartenbohne

Gartenbohne
Phaseolus vulgaris

Aussehen Die Gartenbohne ist eine sehr bekannte, einjährige Gartenpflanze. Die 5–25 cm langen Hülsen können sehr variabel gefärbt sein und Farben wie grün, gelb, blau, violett gestreift oder schwarz marmoriert zeigen. Die Samen, die sich in den Hülsen befinden (Bohnen), sind unterschiedlich groß, ihre Farbe reicht von Weiß und Hellbraun bis Dunkelbraun, auch weiß-rot gesprenkelte Samen gibt es.

Standort Die Gartenbohne stammt aus Amerika. Als Kulturpflanze wird sie heute weltweit angebaut.

Wissenswertes Die Gartenbohne ist eine der ältesten Kulturpflanzen. Die ältesten Funde der Gartenbohne stammen aus der Guitarrero-Höhle in Peru und stammen aus der Zeit um 6000 v. Chr. Das Gift, das aus cyanogenen Glykosiden wie Linamarin besteht und als Zellgift wirkt, ist nur in den rohen Früchten zu finden. Diese Giftstoffe werden durch Kochen oder durch Gärung, z. B bei sauren Bohnen, unwirksam. Nach dem Verzehr von rohen Bohnen kann es zu blutigem Erbrechen, Schwäche und Schockzuständen kommen. Bei Kindern reicht schon der Verzehr von weniger als sechs rohen Samen zu einer Vergiftung. Bohnen sind auch giftig für alle Haustiere. Bei ihnen treten nach dem Fressen Erbrechen, Krämpfe und Durchfälle auf. Daher empfiehlt es sich in Haushalten mit kleinen Kindern und Haustieren, rohe Bohnen unerreichbar zu lagern.

GIFTIGE PFLANZENTEILE

BLÜTEZEIT

| Jan | Feb | März | April | Mai | Juni | Juli | Aug | Sept | Okt | Nov | Dez |

Kermesbeere

Kermesbeere
Phytolacca sp.

Aussehen Die Arten dieser Gattung sind krautige Stauden, die bis zu 2 m hoch werden können. Sie besitzen eiförmige Blätter und grünlich weiße Blüten, die in Trauben stehen. Die attraktiven Früchte sind von Dunkelrot bis Schwarz gefärbt.

Standort Kermesbeeren sind eine in Nordamerika heimische Gattung, die bei uns in Gärten, Anlagen und verwildert zu finden ist.

Wissenswertes Der Saft der Kermesbeere wurde früher als Lebensmittelfarbstoff zum Färben von Süßigkeiten und Wein sowie als Rheumamittel benutzt, das aber bei falscher Dosierung zu Todesfällen führte.

Die gesamte Pflanze enthält Triterpensaponine, besonders groß ist deren Gehalt in Wurzeln und Samen. Bis zu zehn Beeren gelten für gesunde Erwachsene und größere Kinder als unbedenklich, jedoch sind für Kleinkinder schon wesentlich geringere Dosen gefährlich. Nach dem Verzehr zeigen sich Vergiftungssymptome wie Erbrechen, Beschwerden im Magen- und Darmbereich, Durchfall und Krämpfe.

Die Kermesbeere ist ein invasiver Neophyt, der sich bei uns zunehmend ausbreitet. Es ist nicht auszuschließen, dass die im Halbschatten sehr üppig wachsende Pflanze andere, weniger stark wachsende heimische Arten verdrängen kann. Dies geschieht etwa auf Friedhöfen und in städtischen Parkanlagen, in denen man sie heute schon großflächig findet.

GIFTIGE PFLANZENTEILE

BLÜTEZEIT

Jan	Feb	März	April	Mai	Juni	Juli	Aug	Sept	Okt	Nov	Dez

Gewöhnliche Küchenschelle

Gewöhnliche Küchenschelle
Pulsatilla vulgaris

Aussehen Die Gewöhnliche Küchenschelle ist eine niedrige, mehrjährige Pflanze, die leuchtend purpurfarben oder violett blüht. Die Blätter erscheinen erst nach der Blüte.

Standort Diese Art ist überall in West- und Mitteleuropa verbreitet. Ihr bevorzugter Lebensraum sind sonnige Hänge auf kalkreichen Böden. Im Garten reichert man den Standort der Küchenschelle mit Kalksplitt an.

Wissenswertes Die Küchenschelle findet man auch als Sorten im Angebot. Eine besonders schöne und auffällige Blüte für den Gartenfrühling hat die tiefrote Sorte 'Rödde Klokke'. Kuhschellen, wie die Pflanze auch genannt wird, fanden bereits in der Antike Verwendung als Heilmittel. Hippokrates setz-te sie gegen hysterische Angstzustände und zur Menstruationsförderung ein. Heute wird sie in der Homöopathie bei Problemen mit den Harnwegen und Geschlechtsorganen und bei Migräne eingesetzt. Alle Pflanzenteilen sind sehr giftig. Sie enthalten Protoanemonin, ein heftiges Reizmittel für Haut und Schleimhäute. Daher kommt es nach Kontakt mit der Pflanze oft zu Ausschlägen mit Blasenbildung. Nach dem Verzehr kann es zu Nierenentzündungen, Magen- und Darmbeschwerden sowie Lähmungen des Zentralnervensystems kommen. Für Ziegen und Landschildkröten ist die Kuhschelle im frischen Zustand sehr giftig.

Ungiftige Alternative Großblättriges Kaukasusvergissmeinnicht *(Brunnera macrophylla)*

GIFTIGE PFLANZENTEILE

BLÜTEZEIT

| Jan | Feb | **März** | **April** | **Mai** | Juni | Juli | Aug | Sept | Okt | Nov | Dez |

Gelber Lerchensporn

Gelber Lerchensporn
Pseudofumaria lutea

Aussehen Der Gelbe Lerchensporn verzweigt sich vom Boden aus sehr stark. Die kahlen, hellgrünen bis leicht bläulich grünen Laubblätter sind doppelt bis dreifach gefiedert. Die gelben Blüten sind vorne lippenartig.

Standort *Pseudofumaria lutea* stammt aus den südlichen Alpen, wo sie in kalkreichen Felsspalten vorkommt. Heutzutage ist diese Pflanze aber in fast alle gemäßigten und wärmeren Gebiete der Erde verschleppt worden. Man trifft sie in Mauerritzen, oft selbst noch in Innenstädten, an. Der Gelbe Lerchensporn bevorzugt kalkhaltigen und feuchten Boden im Halbschatten.

Wissenswertes Am giftigsten ist die Knolle des Lerchensporns, die wie das Schöllkraut Alkaloide wie Isocorypalmin und Coptisin enthält. Beide Substanzen zeigen nach dem Verzehr ähnliche Vergiftungserscheinungen, die sich meistens in Erbrechen und Magen- und Darmbeschwerden, verbunden mit Durchfällen, äußern. Bei hohen Dosen kommt es weiterhin zu Krämpfen und Lähmungen. Der Gelbe Lerchensporn ist eine unglaublich vitale Pflanze, die in in Gegenden mit milden Wintern dauerhaft blüht. Die fleischigen Samen werden gerne von Ameisen in Mauerritzen und Steinspalten verschleppt. Wegen eines raffinierten Mechanismus kann man an den Blüten sehen, ob sie bestäubt wurden. Denn nach dem Besuch einer Biene oder Hummel bleibt die Blüte offen.

GIFTIGE PFLANZENTEILE

BLÜTEZEIT

Jan	Feb	März	April	Mai	Juni	Juli	Aug	Sept	Okt	Nov	Dez

Hahnenfuß

Hahnenfuß
Ranunculus sp.

Aussehen Die goldgelben Blüten aller Hahnenfußarten besitzen fünf Blütenblätter.
Standort Die verschiedenen heimischen Arten wachsen auf Weiden und Wiesen, aber auch in Tümpeln und Teichen.
Wissenswertes Alle Hahnenfußarten enthalten in allen Pflanzenteilen das Protoanemonin, welches sehr stark reizend auf Haut und Schleimhäute wirkt. So kann es schon beim Pflücken von Hahnenfuß oder beim Liegen auf den Pflanzen zu einer so genannten Wiesendermatitis kommen. Hautstellen, die in Berührung mit dem Gift kamen, sind gerötet. Brennende Schmerzen und Blasenbildung treten auf. Das giftige Protoanemonin ist auch in der Lage, durch die unverletzte Haut in den Körper einzudringen. Die giftigsten Hahnenfußarten sind der Scharfe *(Ranunculus acris)*, der Brennende *(R. flammula)*, der Knollen- *(R. bulbosus)* und der Gift-Hahnenfuß *(R. sceleratus)*. Bei innerer Aufnahme erfolgen Brennen im Mund und Rachen, Reizungen der Magen- und Darmschleimhäute, Krämpfe und Durchfälle. Auch Störungen des Nervensystems und Lähmungen können auftreten. Alle *Ranunculus*-Arten sind im frischen Zustand für alle Haustiere sehr giftig. Mit *Ranunculus*-Arten fügten sich früher Bettler Geschwüre zu, um mehr Mitleid zu erregen und dadurch mehr Geld zu erwirtschaften.
Ungiftige Alternative Dreiblättrige Waldsteinie *(Waldsteinia ternata)*

GIFTIGE PFLANZENTEILE

BLÜTEZEIT

Jan	Feb	März	April	Mai	Juni	Juli	Aug	Sept	Okt	Nov	Dez

Weinraute

Weinraute
Ruta graveolens

Aussehen Die Pflanze verströmt wegen der in Blättern und Blüten enthaltenen Öldrüsen einen sehr aromatischen Duft. Die kleinen Blüten sind gelblich gefärbt. Die Kapselfrüchte beinhalten schwarze Samen.

Standort Die Weinraute ist in ganz Südeuropa heimisch. In vielen Teilen der Welt wird sie heute kultiviert. Sie war auch Bestandteil in jedem Klostergarten.

Wissenswertes Bis zum Mittelalter galt die Pflanze als Zauberpflanze und wurde damals in der Volksmedizin gegen Beschwerden aller Art eingesetzt, seien es Ohrenschmerzen oder Wurmbefall. Als Universalheilmittel sagte man der Weinraute früher nach, dass sie gegen alle Gifte, Geister, den Teufel und vor dem Bösen Blick zu schützen vermag. Man verwendete sie auch zum Verbessern von schlechtem Wein.

Alle Pflanzenteile sind giftig. Das Zellgift Ruta besteht aus verschiedenen Sekundärstoffen. Ruta kann heftigen Juckreiz und in Verbindung mit Sonnenlicht Fotodermatosen auslösen. Gefahr besteht insbesondere für Kinder, die mit den Pflanzen spielen. Betroffene Stellen müssen sofort dem direkten Sonnenlicht entzogen und unter fließendem Wasser behandelt werden. Bei Verzehr können Zungenschwellungen, Speichelfluss, schwere Magenentzündungen, verstärkter Harndrang mit Blut, Pupillenverengung sowie Sehstörungen auftreten. Sogar Todesfälle wurden schon gemeldet.

GIFTIGE PFLANZENTEILE

BLÜTEZEIT

Jan	Feb	März	April	Mai	Juni	Juli	Aug	Sept	Okt	Nov	Dez

Tollkraut

Glockenbilsenkraut, Tollkraut
Scopolia carniolica

Aussehen   Die mehrjährige Pflanze kann bis zu 1,5 m groß werden. Ihre Rhizome wachsen unterirdisch. Die verkehrt eiförmigen Blätter an den aufrechten Trieben sind lang gestielt. Die unscheinbaren, glockenförmigen Blüten des Tollkrauts sind außen braunviolett gefärbt, innen gelbgrün.

Standort   Natürlicherweise kommt das Glockenbilsenkraut in Südosteuropa (Ostalpen, Karpaten) vor.

Wissenswertes   Kommerziell wird das Tollkraut zur Gewinnung von Tropan-Alkaloiden angebaut. Vergiftungen mit *Scopolia* kommen nicht häufig vor, nur selten werden Blätter und Wurzeln mit ähnlichen essbaren Pflanzen vertauscht. Viel öfters kommt es hingegen zu Vergiftungen, nachdem die Pflanze wegen ihrer halluzinogenen Wirkung als Rauschdroge missbraucht wurde. So ist diese Pflanze in Mitteleuropa seit dem Mittelalter als Aphrodisiakum, Betäubungsmittel, Stimulans und Halluzinogen bekannt und wurde oft in der „Hexenkunst" eingesetzt.

In niedrigen Dosen wirkt Tollkraut dämpfend, in höheren Dosen dagegen führt der Verzehr zu Halluzinationen, Euphorie, Schlaflosigkeit und sogar zum Tod durch Atemstillstand. Wichtige Symptome einer Vergiftung sind Gesichtsrötungen, beschleunigter Pulsschlag sowie Pupillenerweiterung. *Scopolia* ist auch giftig für Pferde und Schweine sowie für Hunde und Katzen.

GIFTIGE PFLANZENTEILE

BLÜTEZEIT

Jan	Feb	**März**	**April**	Mai	Juni	Juli	Aug	Sept	Okt	Nov	Dez

Bittersüßer Nachtschatten

Bittersüßer Nachtschatten
Solanum dulcamara

Aussehen Mit rund 1700 Arten gehört die Gattung *Solanum,* zu der auch die Kartoffel (s. S. 115) zählt, zu den größten Gattungen. Die typischen Blüten dieser Pflanze am doldig-traubigen Blütenstand sind dunkelviolett, die Beeren färben sich bei Reife knallrot.

Standort Der Bittersüße Nachtschatten ist in weiten Teilen Europas, Asiens und in Nordafrika verbreitet. Er wächst auf nährstoff- und stickstoffreichen Lehm- und Tonböden, am liebsten im Halbschatten.

Wissenswertes In den grünen Beeren ist der Alkaloidanteil am höchsten, niedriger in den Blättern und Stängeln und am niedrigsten bis fast fehlend in vollreifen Früchten. Für Kinder können schon sechs bis acht unreife Beeren zu Vergiftungen führen, 30 können tödlich sein. Diese Vergiftungen äußern sich durch Kratzen im Mund und Rachen sowie durch Pupillenerweiterung und Hautausschläge. Das in der Pflanze enthaltene Solanin wirkt erst erregend, dann lähmend auf das Nervensystem. Deshalb wurde die Pflanze schon bei den alten Germanen als Narkotikum eingesetzt. Später war *Solanum dulcamara* ein Bestandteil der Hexensalben.

Trotz der Giftigkeit der Pflanze werden die zwei- bis dreijährigen Stängel nach dem Abfallen der Blätter gesammelt und als Arzneidroge verwendet.

Nachtschatten ist auch giftig für Haustiere, vor allem für Hühner und andere Vögel.

GIFTIGE PFLANZENTEILE

BLÜTEZEIT

Jan	Feb	März	April	Mai	Juni	Juli	Aug	Sept	Okt	Nov	Dez

Kartoffel blühend

Kartoffelknollen

Kartoffel
Solanum tuberosum

Aussehen Die Kartoffel ist eine mehrjährige Pflanze mit einjährigen Trieben, die aus einer fleischigen Sprossknolle, der Kartoffel, entspringen. Sie besitzt weiße oder violette Blüten und kirschgroße Beerenfrüchte. Die wechselständig stehenden Blätter sind gefiedert.

Standort Die Kartoffel wird heutzutage weltweit angebaut.

Wissenswertes Das deutsche Wort Kartoffel entstand aus der früheren deutschen Bezeichnung Tartuffel, den die Pflanze wegen ihrer Ähnlichkeit mit Trüffeln bekam. Der früheste Beleg dafür, dass die Kartoffel Spanien erreicht hat, findet sich in den Büchern des Hospital de la Sangre in Sevilla, welches im Jahre 1573 Kartoffeln eingekauft hatte. Nach Europa wurde die Kartoffel zunächst vielfach wegen der schönen Blüten und des üppigen Laubes als reine Zierpflanze importiert und als seltene, „exotische" Pflanze in botanische Gärten aufgenommen.

Hauptgiftstoff der Kartoffel sind α-Solanin und Chaconin. Die grünen Kartoffelstellen sind sehr giftig. Aus Unwissenheit über die Giftigkeit kam es oft zu Todesfällen, da die grünen Kartoffelknollen oder oberirdischen Früchte roh verzehrt wurden. Die Symptome nach Verzehr umfassen Magenschmerzen, Erbrechen, Durchfall, Fieber, Verwirrung, schwachen und raschen Pulsschlag, Halluzinationen, Kopfschmerzen und Koma. Für Haustiere ist das Kartoffelkraut sehr giftig.

GIFTIGE PFLANZENTEILE

BLÜTEZEIT

Jan	Feb	März	April	Mai	Juni	Juli	Aug	Sept	Okt	Nov	Dez
						Juli	Aug	Sept	Okt		

Europäische Trollblume

Europäische Trollblume
Trollius europaeus

Aussehen Die Trollblume, ein Hahnenfußgewächs, erkennt man sehr gut an der gelben Blüte, die charakteristisch kugelig ist. Die Blätter sind handförmig mit ungleichen Zipfeln.

Standort Die Trollblume stammt aus Europa. Sie liebt nährstoffreiche und dauerfeuchte Böden, daher ist sie häufig auf Feuchtwiesen und an Bachrändern zu finden. In Gärten wird die Kulturform der Trollblume gern in Feuchtzonen von Gartenteichen gepflanzt.

Wissenswertes Die Trollblume ist das Symbol der Grafschaft Glatz (Schlesien). Deshalb wird sie auch Glatzer Rose genannt. Sie wurde auch zur Blume des Jahres 1995 gewählt. Die Trollblume ist bundesweit im Bestand gefährdet und in Nordwestdeutschland bereits verschwunden. Sie steht unter Naturschutz und darf deshalb nicht gepflückt werden. Gründe für den Rückgang sind extensiv genutzte Frisch- und Feuchtwiesen. Im Garten werden meist Zuchtformen der Europäischen Trollblume kultiviert.

Diese Pflanze ist schwach giftig. Nach oraler Aufnahme kommt es zu einem Brennen der Mundschleimhäute sowie zu Magen- und Darmbeschwerden. Eine Vergiftung mit der Trollblume kann sich aber auch in Kreislaufbeschwerden und Fieber äußern. Sie gilt als tiergiftig.

Ungiftige Alternative Stauden-Sonnenblume (*Helianthus decapetalus* 'Triomphe van Gent')

GIFTIGE PFLANZENTEILE

BLÜTEZEIT

| Jan | Feb | März | April | Mai | Juni | Juli | Aug | Sept | Okt | Nov | Dez |

Gartentulpen

Tulipa gesneriana

Tulpe
Tulipa sp.

Aussehen Von April bis Mai treibt die Tulpe ihre 4–8 cm langen, glockenförmigen Blüten aus der Zwiebel. Es gibt heute unzählige Zuchtformen und so variiert die Blütenfarbe von Weiß über Gelb und Orange bis zu Rosa, Rot und Blau. Die lanzettartigen Laubblätter können 30 cm lang werden. Die Wildform *(Tulipa sylvestris)* hat gelbe, wohlduftende Blüten.

Standort Tulpen sind eine unserer beliebtesten Gartenpflanzen. Die Wilde Tulpe hingegen gehört zu den sehr seltenen Pflanzen und ist in ihrem Bestand stark gefährdet. Man findet sie in Weinbergen und Laubwäldern Süddeutschlands und Südeuropas.

Wissenswertes Die Bezeichnung Tulpe stammt vom persischen Wort Dulbend für Turban ab. Vorwiegend die Zwiebel und der Spross sind wegen des Gehalts an Tulipanin sehr giftig. Vergiftungen sind insbesondere durch Verwechslung der Blumenzwiebel mit der Küchenzwiebel möglich. Die Symptome einer Tulpenvergiftung sind Erbrechen, Magen- und Darmbeschwerden, Bauchkrämpfe sowie auch eine abgesenkte Körpertemperatur. Bei starker Vergiftung ist auch Atemstillstand nicht ausgeschlossen. Äußerlich bewirkt das Gift nach Kontakt ekzemartige Reizungen der Haut, die als Tulpendermatitis oder Tulpenkrätze bekannt sind. Insbesondere Personen, die beruflich mit der Pflanze zu tun haben, sind davon betroffen. Auch für unsere Haustiere ist die Tulpe giftig.

GIFTIGE PFLANZENTEILE

BLÜTEZEIT

| Jan | Feb | März | **April** | **Mai** | Juni | Juli | Aug | Sept | Okt | Nov | Dez |

Germer

Germer
Veratrum sp.

Aussehen Am bekanntesten in dieser Pflanzengattung ist der Weiße Germer *(Veratrum album)*. Seine Blüten sind innen weiß bis gelblich, außen grünlich. Die Blätter aller Germerarten sind an der Unterseite behaart und verströmen einen intensiven Geruch.

Standort Natürlicherweise kommen *Veratrum*-Arten in ganz Mittel- und Südeuropa vor. Der Weiße Germer wächst auf Alpenwiesen, er liebt feuchten, stickstoffreichen und etwas kalkhaltigen Boden.

Wissenswertes In der Antike verwendete man Germer oft als Mordgift. Die höchste Konzentration der Giftstoffe findet man in der Wurzelknolle, aber auch die restliche Pflanze ist giftig. Tödlich für Erwachsene sind 10–20 mg der Alkaloide, was etwa 1–2 g der Wurzeln entspricht. Die Giftstoffe gelangen beim Verzehr durch die Schleimhäute, bei Kontakt aber auch durch die unverletzte Haut in den Körper. Die Symptome einer Vergiftung sind Kribbeln im Mund, erhöhter Speichel- und Tränenfluss, Niesreiz, Übelkeit, Erbrechen und Durchfälle. Der Tod kann nach drei bis zwölf Stunden durch Herzstillstand und Atemlähmung eintreten. Obwohl Weidetiere den Germer meiden, kommt es doch immer wieder zu Vergiftungen durch mit Germer verseuchtes Heu. Die tödliche Dosis liegt beim Pferd bei 1 g der frischen Wurzel auf 1 kg Körpergewicht, für Hunde sind schon 0,1 g Pflanzenteile auf 1 kg Körpergewicht tödlich.

GIFTIGE PFLANZENTEILE

BLÜTEZEIT

| Jan | Feb | März | April | Mai | **Juni** | **Juli** | **Aug** | Sept | Okt | Nov | Dez |

Weiße Schwalbenwurz

Weiße Schwalbenwurz
Vincetoxicum hirundinaria

Aussehen Die mehrjährige, krautige Pflanze kann zwischen 30 und 100 cm hoch werden. Die glattrandigen, bläulich grünen, länglichen Laubblätter sind an der Basis herzförmig. Die Blüten stehen in kleinen Trauben in den Blattachseln beisammen. Ihre radförmige Krone wird etwa 5–7 mm breit und ist gelblich weiß.

Standort Die kalkliebende Pflanze bevorzugt trockene und warme Standorte in lichten Eichen- und Kiefernwäldern und deren sonnige Gebüschränder. Anzutreffen ist sie aber auch auf steinigen Trockenrasen, gerne besiedelt sie auch Schutthalden.

Wissenswertes Im Altertum wurde *Vincetoxicum hirundinaria* gegen den Biss giftiger Tiere verwendet. Daher stammt auch der Name „Vincetoxicum", der sich von vincere (= besiegen) und toxicon (= Gift) ableitet. Alle Pflanzenteile, besonders jedoch die unterirdischen Teile, enthalten ein Glykosid-Gemisch, das als Vincetoxin bezeichnet wird. Die ganze Pflanze ist sehr giftig. Die Wirkung des Gifts ist ähnlich wie die des Eisenhuts (s. S. 56). Bei einer hohen Dosis kommt es nach Fieber und Durchfall zum Tod durch Atemlähmung. Die Tiergefährlichkeit dieser Pflanze ist umstritten. Schafe und Rinder meiden sie , bei Pferden treten hin und wieder leichte Vergiftungen auf, die sich in Magen- und Darmbeschwerden äußern.

Ungiftige Alternative Perlkörbchen (*Anaphalis triplinervis*)

GIFTIGE PFLANZENTEILE

BLÜTEZEIT

Jan	Feb	März	April	Mai	Juni	Juli	Aug	Sept	Okt	Nov	Dez

Giftige Gehölze

Rosmarinheide

Rosmarinheide
Andromeda polifolia

Aussehen Dieser zu den Heidekrautgewächsen gehörende Zwergstrauch breitet sich auch über unterirdische Ausläufer aus. Die verholzende, immergrüne Pflanze erreicht eine Wuchshöhe von 15–30 cm. Die zwei bis fünf nickenden, kugeligen Blüten in Weiß bis Rosa stehen in Form einer Schirmtraube. Die Blüte beginnt im Mai und endet im Oktober. Nach der Blüte werden aufrecht stehende, in fünf Fächer unterteilte Kapselfrüchte gebildet.
Standort *Andromeda polifolia* stammt ursprünglich aus Nordamerika. Bei uns findet man die Rosmarinheide in allen Moorgebieten, sie liebt somit saure Böden auf offenen Standorten. Sie ist ein Lichtkeimer und benötigt dazu auch einen Kältereiz.

Wissenswertes Blätter und Blüten der Rosmarinheide sind giftig. Dennoch sind Vergiftungen durch den Verzehr dieser Pflanze selten bis fast ausgeschlossen. Dies ist auch auf das geringe Vorkommen zurück zu führen. Allerdings wurden schon Vergiftungsfälle durch Konsum von Bienenhonig dokumentiert, in dem Andromedotoxin enthalten war. Denn tückischerweise befindet sich dieses giftige Diterpen auch im Nektar. Auch wurde die Rosmarinheide schon mit dem Garten-Rosmarin verwechselt. Schwindelgefühl, kalter Schweiß und rauschartige Zustände sind die Symptome einer Vergiftung.
Ungiftige Alternative Rosmarin *(Rosmarinus officinalis)*

GIFTIGE PFLANZENTEILE

BLÜTEZEIT

Jan	Feb	März	April	Mai	Juni	Juli	Aug	Sept	Okt	Nov	Dez

Geschnittener Buchsbaum als Solitär

Blätter

Buchsbaum
Buxus sempervirens

Aussehen Der breit aufrechte, in Gärten und Parks meist beschnittene Strauch besitzt immergrüne, lederige Blätter. Die gelblich grünen Blüten sitzen unscheinbar in der Blattachse.

Standort Der Buchsbaum ist in ganz Europa und Asien zu finden. Er bevorzugt sonnige und warme Standorte auf kalkreichen Böden. In den Hausgärten und Parks wird er gern als Gestaltungselement eingesetzt.

Wissenswertes In der Antike war der Buchsbaum Kybele und Hades geweiht. Aus dem Mittelalter ist überliefert, dass er gegen Gicht, Hautprobleme, Rheuma und Malaria verwendet wurde. Die immergrüne Pflanze gilt als Sinnbild der Unsterblichkeit. So wird sie gern auch auf Friedhöfen gepflanzt. Katholiken schmücken gelegentlich Adventskränze und Weihnachtsgestecke mit Buchsbaumzweigen. Der Buchsbaum gehört zu den sehr giftigen Pflanzen. Seine Giftstoffe sind in allen Pflanzenteilen enthalten und wirken direkt auf das zentrale Nervensystem. Als erstes Symptom nach dem Verzehr ist eine erhöhte Erregung, später Immobilisierung und Lähmung festzustellen. Die Vergiftung greift Magen und Darm an und führt über epilepsieartige Anfälle und Blutdruckabfall schließlich zum Tod. Auch für Tiere sind alle Teile des Buchsbaums giftig. So können etwa 500 g Buchsbaumblätter ein Tier von der Größe eines Schweins töten.

Ungiftige Alternative Strauchehrenpreis, Strauchveronika (*Hebe* sp.)

GIFTIGE PFLANZENTEILE

BLÜTEZEIT

| Jan | Feb | März | April | Mai | Juni | Juli | Aug | Sept | Okt | Nov | Dez |

Liebesperlenstrauch

Liebesperlenstrauch
Callicarpa bodinieri

Aussehen Das Laub dieses bis zu 2 m hohen Strauches sowie die rosafarbenen Blüten sind unscheinbar. Erst im Herbst und Winter dreht die Pflanze auf: Ab September verfärben sich die Beeren grellviolett und das Laub wird herbstlich bunt.

Standort Beheimatet ist der Liebesperlenstrauch in den Tropen und Subtropen. Die meisten der etwa 100–140 bekannten Wildarten dieser Gattung stammen aus Nordamerika und Asien. Ausreichend winterhart sind bei uns nur wenige *Callicarpa*-Arten, die auch Schönfrucht genannt werden.

Wissenswertes Der Liebesperlenstrauch schmückt bei guter Pflege jeden Garten im Herbst. Die schönen und sehr auffälligen Beeren animieren allerdings besonders Kleinkinder zum Spielen und auch Verzehren. Nach Angaben in einschlägiger Fachliteratur sollen zehn Beeren unkritisch sein. Dennoch sollten in Gärten, in denen kleine Kinder unbeaufsichtigt spielen, auf diesen Strauch verzichtet werden. Die Giftstoffe verursachen nach dem Verzehr Magenbeschwerden. Im Mississippi-Gebiet werden die zerdrückten, auf der Haut verriebenen Blätter gegen saugende Insekten eingesetzt. Die abwehrende Wirkung gegen Stechmücken macht die Pflanze sehr interessant für eine Bepflanzung in der Nähe eines Sitzplatzes.

Ungiftige Alternative Bibernell-Rose *(Rosa spinosissima)*

GIFTIGE PFLANZENTEILE

BLÜTEZEIT

| Jan | Feb | März | April | Mai | Juni | Juli | Aug | Sept | Okt | Nov | Dez |

Erbsenstrauch

Hülsenfrüchte

Erbsenstrauch
Caragana arborescens

Aussehen Der sommergrüne, stark verzweigte und aufrechte Erbsenstrauch mit olivgrüner Rinde, der zur Familie der Hülsenfrüchtler gehört, erreicht eine Höhe von 2–6 m. Die wechselständig stehenden Blätter sind paarig gefiedert und bis zu 15 cm lang. Die hellgelben Blüten erscheinen im April/Mai. Aus ihnen entwickeln sich bis zu 5 cm lange, schmale Hülsen von rötlicher Farbe.
Standort Beheimatet ist der Erbsenstrauch in der Mandschurei bis nach Sibirien. Bei uns findet man ihn nur als Zierstrauch. Er gedeiht auch auf nährstoffarmen Böden in heißen, sonnigen Lagen, ist ein Hitze- und Hungerkünstler, zudem salzverträglich und damit ein ideal geeignetes Gehölz zur Stadtbegrünung.

Wegen seiner besonderen Eigenschaften wird der Erbsenstrauch auch zur Dachbegrünung verwendet.
Wissenswertes *Caragana arborescens* ist nur leicht giftig. Insbesondere in den Samen sind Lectine enthalten. Daher sind Kinder gefährdet, wenn sie mit den Hülsen spielen und die erbsenähnlichen Samen essen. Vergiftungen mit Pflanzenteilen zeigen sich durch Brechreiz und Durchfall.
Der Erbsenstrauch ist nicht zu verwechseln mit der Gemüseerbse *(Pisum sativum)*, die zwar zur selben Pflanzenfamilie gehört, aber als einjährige Pflanze krautig wächst.
Ungiftige Alternative Spieß-Weide (*Salix hastata* 'Wehrhahnii')

GIFTIGE PFLANZENTEILE

BLÜTEZEIT

| Jan | Feb | März | April | Mai | Juni | Juli | Aug | Sept | Okt | Nov | Dez |

Gemeine Waldrebe

Gemeine Waldrebe, Samen

Großblumige *Clematis*-Hybride

Gemeine Waldrebe
Clematis vitalba

Aussehen Diese Pflanze, die zu den Lianen zählt, klettert an Bäumen bis in eine Höhe von 10 m empor. Die bis zu 6 cm starken Sprossachsen verholzen. Die Stiele und Spindel der Fiederblätter sowie Blättchenstiele werden als Ranken benutzt. Die Blütezeit liegt zwischen Juli und September, der Duft ist unangenehm. Bei der Samenbildung bleiben die haarigen Stempel erhalten und dienen dem Samen als Flugapparat.

Standort *Clematis vitalba* ist in allen submediterran-subatlantischen Gebieten heimisch. Dort kommt sie bevorzugt in frischen bis feuchten, lichten Laubwäldern und Gebüschen vor, besonders in Auwäldern und an Waldrändern.

Wissenswertes Die ganze Pflanze ist durch den Gehalt an Protoanemonin giftig, das bei Kontakt mit der Haut zu Reizungen und Entzündungen führen kann. Das kommt sehr oft bei Hobbygärtnern vor, die die *Clematis* ohne Handschuhe schneiden. Das in den Pflanzenteilen enthaltene Gift führt bei oraler Aufnahme zu Krämpfen, Reizungen von Niere und Darm, zu Durchfällen und Erbrechen.
Es wurde beobachtet, dass *Clematis* ganz besonders giftig für Landschildkröten ist. Sie lagern das aufgenommene Gift in der Leber ein, was im Lauf der Zeit zu schweren Erkrankungen führt.

Ungiftige Alternative Kletter-Himbeere *(Rubus henryi)*

GIFTIGE PFLANZENTEILE

BLÜTEZEIT

Jan	Feb	März	April	Mai	Juni	Juli	Aug	Sept	Okt	Nov	Dez

![Haselnuss, Blüten]

Haselnuss, Blüten

Haselnuss, Gemeine Hasel
Corylus avellana

Aussehen Dieser Strauch aus der Familie der Birkengewächse wird bis zu 5 m hoch. Die rundlichen bis eiförmigen Blätter sind am Rand gesägt. Die Hasel hat ihre Blütezeit bereits im Februar. Nach der Befruchtung entwickelt sich eine einsamige Nuss.

Standort Die Haselnuss ist in Europa und Kleinasien heimisch und in Mitteleuropa sehr häufig in Hecken und als Feldgehölz zu finden. Auch in Gärten ist sie anzutreffen.

Wissenswertes Die Haselnuss ist nicht giftig, sie zählt aber zu den hochallergenen Pflanzen. Nicht nur für Heuschnupfengeplagte stellt die Haselnuss ein Problem dar, sondern auch für Nahrungsmittelallergiker. Unter den Erwachsenen, die auf Nahrungsmittel allergisch reagieren, ist etwa ein Drittel allergisch gegen Haselnüsse. Diese Haselnussallergie ist stark assoziiert mit einer Allergie gegen ihre Blütenpollen. Wer auf Haselnüsse allergisch ist, sollte daher diese unbedingt als Gartenpflanze vermeiden. Die Pollenbelastung kann auf Dauer zu Asthma führen. Andererseits ist die Haselnuss gut wüchsig, ihre Früchte sind schmackhaft, zudem ist dieser Strauch eine wichtige Nahrung für die Tierwelt. Die Haselnuss ist auch ein Symbol für Lebens- und Liebesfruchtbarkeit, Unsterblichkeit, den Frühling sowie die Wunscherfüllung und Glück.

Ungiftige Alternative Kornelkirsche (*Cornus mas*)

GIFTIGE PFLANZENTEILE

BLÜTEZEIT

| Jan | Feb | März | April | Mai | Juni | Juli | Aug | Sept | Okt | Nov | Dez |

Cotoneaster × watereri

Sparrige Zwergmispel *(Cotoneaster divaricatus)*

Zwergmispel
Cotoneaster sp.

Aussehen Zwergmispeln wachsen als Sträucher und auch als kleine Bäume. Einige Arten dieser Rosengewächse sind immergrün. Die roten oder blauschwarzen Früchte ähneln in ihrer Form kleinen Quitten. Sie hängen ab August bis teilweise über den Winter am Strauch.

Standort Die etwa 20 Arten der Zwergmispel stammen aus China und den Himalajagebieten. Bei uns findet man sie als Bodendecker, Zwergstrauch oder Strauch in Gärten und Parkanlagen. Zwergmispeln sind auch beliebte Gewächse für Grabbepflanzungen. In Mitteleuropa heimisch ist die Filzige Zwergmispel *(Cotoneaster nebrodensis,* syn. *C. tomentosus),* die Gebüsche und offene Wälder besiedelt.

Wissenswertes Der wissenschaftliche Gattungsname *Cotoneaster* kann mit „wertlose Quitte" übersetzt werden, was auf die Form der Frucht zurückzuführen ist. Nach Aufnahme von zehn bis 20 Beeren kann es zu Magen-Darmbeschwerden kommen, da die Zwergmispel in geringen Mengen Glykoside enthält. Die Blüten und andere Pflanzenteile sind leicht giftig.

Für die heimische Tierwelt sind die Früchte eine wertvolle Kost, die in harten Wintern als wichtige Nahrungsreserve dient. Kleine Kinder sollten von den verlockenden Früchten fernbleiben, größeren Kindern erklärt man deren Giftigkeit.

Ungiftige Alternative Kronsbeere, Preiselbeere *(Vaccinium vitis-idaea)*

GIFTIGE PFLANZENTEILE

BLÜTEZEIT

| Jan | Feb | März | April | Mai | Juni | Juli | Aug | Sept | Okt | Nov | Dez |

Besenginster

Blüten

Geißklee, Besenginster
Cytisus sp.

Aussehen Der stark verzweigte Geißklee ist eine Gattung ginsterähnlicher Sträucher aus der Familie der Hülsenfrüchtler. Je nach Art erreichen sie eine Wuchshöhe von 30–300 cm. Die gelben oder weißen Blüten können in traubigen Blütenständen oder zu wenigen in den Blattachseln stehen. Manche Arten bilden lange unterirdische Ausläufer.

Standort *Cytisus*-Arten kommen natürlicherweise in ganz Europa vor. Die meisten Arten lieben trockene, steinige Standorte und haben wenig Konkurrenz in den Trockenwiesen, in lichten Wäldern oder an Felshängen.

Wissenswertes Ehemals wurde der Geißklee zur Fasergewinnung und als Färbemittel eingesetzt. Einige Arten und ihre Hybriden sind bekannte Zierpflanzen. Der Besenginster wird häufig wegen seiner geringen Ansprüche zur Befestigung von Böschungen und als Bienenweide genutzt. Die Pflanze wirkt durch die enthaltenen Alkaloide, vor allem Spartein, giftig. Insbesondere in den Samen finden sich hohe Konzentrationen an Alkaloiden. Spartein ist herzwirksam, es hemmt die Reizbildung und -weiterleitung. Vergiftungen äußern sich durch Kreislaufkollaps und Erbrechen. Desweiteren führen Alkaloide wie Nikotin zu Lähmungserscheinungen. Der Besenginster wurde wegen seiner wehenfördernden Wirkung früher in der Medizin eingesetzt.

Ungiftige Alternative Goldgelbe Rose *(Rosa xanthina* fo. *hugonis)*

GIFTIGE PFLANZENTEILE

BLÜTEZEIT

Jan	Feb	März	April	Mai	Juni	Juli	Aug	Sept	Okt	Nov	Dez

Gemeiner Seidelbast

Früchte

Gemeiner Seidelbast
Daphne mezereum

Aussehen Dieser 1,5 m hohe Strauch mit den ovalen, blassgrünen Blättern ist sommergrün. Die stark duftenden Blüten blühen direkt am Stamm. Aus ihnen entwickeln sich kleine, bei Reife scharlachrote Früchte.

Standort Der Gemeine Seidelbast stammt ursprünglich aus Europa und dem westlichen Asien. Er kommt in Laubwäldern vor und wird auch als Zier- und Gartenpflanze kultiviert.

Wissenswertes Alle Pflanzenteile des Seidelbasts sind hochgiftig. Die auffallenden Früchte haben schon vielfach zu Vergiftungen geführt. Nach oraler Aufnahme entsteht ein starkes Brennen und Kratzen in Mund und Rachen. Der Speichelfluss ist erhöht. Schluckbeschwerden, Niesen, Pupillenverkleinerung, Übelkeit, Schwindel, Magen-Darmbeschwerden, blutiger und wässeriger Durchfall, Fieber, Krämpfe, Lähmungen, schwere Nierenschäden sowie Kreislaufkollaps bis hin zu Todesfällen können durch den Verzehr von Seidelbast verursacht werden. Schon zehn bis zwölf Früchte können tödlich sein, bei Kindern reichen schon zwei bis drei Früchte aus.

Bettler beträufelten früher ihre Hautwunden mit Seidelbastextrakt, um durch die schwärzenden Wunden größeres Mitleid zu erregen. Auch in Kosmetikartikeln sowie in der Volksmedizin als Abführ- und Brechmittel wurde früher Seidelbast verwendet.

Ungiftige Alternative Meyers Flieder (*Syringa meyeri* 'Palibin')

GIFTIGE PFLANZENTEILE

BLÜTEZEIT

| Jan | Feb | März | April | Mai | Juni | Juli | Aug | Sept | Okt | Nov | Dez |

Eukalyptus

Eukalyptus
Eucalyptus globulus

Aussehen Dieser aufrechte, immergrüne Baum wird bis zu 60 m hoch. Seine gräuliche Borke schält sich in langen Streifen. Die mit ätherischem Öl gefüllten Blätter ähneln einer Sichel. Die kronblätterlosen Blüten wachsen in Trauben. Die Frucht ist eine einfache Kapsel.

Standort Der Eukalyptus stammt aus den subtropischen und mediterranen Gebieten Australiens und dem Osten von Indonesien. Heutzutage wird er weltweit als schnell wachsender Baum angepflanzt. Er bevorzugt helle und sonnige Standorte. Als Zierpflanze in Töpfen oder Wintergartenbeeten braucht er viel Wasser und einen stetigen Düngernachschub.

Wissenswertes Die oberirdischen Pflanzenteile sind giftig. Ernstzunehmende Vergiftungen können bereits nach Einnahme von wenigen Millilitern Eukalyptusöl auftreten. Eine schwere Vergiftung ist gekennzeichnet durch Atemnot, Kollaps und Koma. Äußerlich darf Eukalyptusöl bei Säuglingen und Kleinkindern nicht im Gesichtsbereich aufgetragen werden. Wegen der stark reizenden Inhaltsstoffe wird grundsätzlich vom Einsatz von Eukalyptusölen bei Kindern unter sechs Jahren abgeraten. Familien mit Kleinkindern sollten auch keinen Eukalyptus anpflanzen. Es kann nicht ausgeschlossen werden, dass die Einnahme von Eukalyptuspräparaten (etwa Bonbons) die Wirksamkeit von Antibiotika herabsetzt.

Ungiftige Alternative Lorbeer-Weide *(Salix pentandra)*

GIFTIGE PFLANZENTEILE

BLÜTEZEIT

| Jan | Feb | März | April | Mai | Juni | Juli | Aug | Sept | Okt | Nov | Dez |

Gewöhnliches Pfaffenhütchen

Früchte

Gewöhnliches Pfaffenhütchen
Euonymus europaeus

Aussehen Die länglich eiförmigen Blätter sind etwa 5–8 cm lang und beidseitig zugespitzt. Im Herbst verfärben sie sich karminrot. Die unscheinbare grüne Blüte duftet unangenehm. Nach der Blüte im Mai entsteht die auffällige Frucht. Die vierklappige Kapselfrucht besitzt eine rote Fruchthülle mit orangefarbenen Samen.

Standort Dieser Strauch ist von Europa bis nach Westsibirien beheimatet. Natürliche Standorte sind Gebüsche und Wälder. Diese kalkliebende Pflanze wächst auf nährstoffreichen Böden in Sonne sowie Halbschatten.

Wissenswertes Alle Pflanzenteile sind sehr giftig, vor allem die Früchte. 36 Früchte sind für Erwachsene tödlich, doch schon zwei Früchte führen bei Kleinkindern zu schweren Vergiftungssymptomen. Diese Symptome treten erst zehn bis 18 Stunden nach dem Verzehr und damit verhältnismäßig spät auf. Es kommt zu Übelkeit, Krämpfen, Schockzuständen, Leber- und Nierenschäden und Herzrhythmusstörungen, die zum Tod im Komazustand führen können. Auch für alle Haustiere ist das Pfaffenhütchen tödlich giftig, während Rotkehlchen gern und völlig schadlos die Früchte verzehren. In früheren Zeiten stellte man aus dem Holz des Pfaffenhütchens Holzkohle für Schießpulver, Holzspieße, Spindeln sowie Violinenbögen her.

Ungiftige Alternative Sanddorn (*Hippophae rhamnoides*)

GIFTIGE PFLANZENTEILE

BLÜTEZEIT

| Jan | Feb | März | April | Mai | Juni | Juli | Aug | Sept | Okt | Nov | Dez |

Faulbaum

Faulbaum
Frangula alnus

Aussehen Der bis zu 6 m hohe Faulbaum wächst als Strauch oder kleiner Baum. Die eiförmigen, breiten Laubblätter haben auffällig gebogene Blattnerven. Nach der Blüte entwickeln sich aus den grünlichen Blüten zunächst rote, bei Reife blauschwarze, kleine Früchte.

Standort Der Faulbaum ist in Europa, Vorder- bis Mittelasien und im westlichen Nordafrika beheimatet. Im nordöstlichen Nordamerika ist der Faulbaum eingebürgert worden. Er wächst auf sauren Lehm- und Tonböden in offenen Wäldern sowie an Wasserläufen und in Mooren.

Wissenswertes Seinen Namen erhielt der Faulbaum wegen seines fauligen Geruchs der Rinde. Die Holzkohle des Faulbaumholzes war besonders zur Herstellung von Schwarzpulver geeignet. Früchte und Rinde des Faulbaums wurden in der Vergangenheit als Färberohstoff für Textilien und Haare benutzt. Je nach Stoffart ergaben sich goldgelbe bis rotbraune Farbtöne. Die unreifen Beeren sind giftig, aber auch Blätter und junge Rinde können nach Einnahme zu Magen- und Darmbeschwerden führen. Nach Erhitzen wurde die Rinde als Tee zubereitet, der zusammen mit anderen Pflanzen als Abführmittel oder gegen Blähungen wirkte. Im Mittelalter wurde Faulbaumsud als Abführmittel genutzt. Heute gelten die Inhaltsstoffe als krebserregend.

Ungiftige Alternative Maulbeere (*Morus* sp.)

GIFTIGE PFLANZENTEILE

BLÜTEZEIT

| Jan | Feb | März | April | Mai | Juni | Juli | Aug | Sept | Okt | Nov | Dez |

![Efeu, Blüten und unreife Früchte]

Efeu, Blüten und unreife Früchte

Efeu
Hedera helix

Aussehen Die Triebe dieser holzigen, immergrünen Kletterpflanze haften mithilfe von Luftwurzeln. Die jungen Blätter sind drei- bis fünflappig und wesentlich kleiner als die Blätter der Altersformen. Die unscheinbaren Blüten erscheinen als kugelige Halbdolden. Die blauschwarzen Früchte reifen im Winter.

Standort Der Efeu stammt aus Mittel-, Süd- und Westeuropa, wächst auch im ganzen Mittelmeergebiet und wird als Zierpflanze kultiviert.

Wissenswertes Die giftigen Blätter und Früchte enthalten 5–8 % Saponin und Hederin. Ein hoher Anteil an Saponin ist auch im Holz enthalten. Extrakte aus den Blättern werden bei Husten eingesetzt, sie wirken antifungal und antiparasitär. Holzextrakte finden auch in Cremes, Lotionen und Shampoos zur Juckreizlinderung bei Hautproblemen sowie in äußerlichen Antizellulitis-Produkten Verwendung. Durch Kontakt mit Efeu, dem häufig Gärtner ausgesetzt sind, kann eine Kontaktallergie entstehen. Die Früchte sind für Kinder hochgiftig. Schon zwei bis drei Beeren führen zu Vergiftungserscheinungen, die sich in Übelkeit, Magen- und Kopfschmerzen äußern und mit Fieber und Atemstillstand sogar bis zum Tod führen können. Vergiftungen werden aber selten gemeldet, da alle Pflanzenteile sehr bitter schmecken.

Ungiftige Alternative Schling-Flügelknöterich *(Fallopia baldschuanica)*

GIFTIGE PFLANZENTEILE

BLÜTEZEIT

Jan	Feb	März	April	Mai	Juni	Juli	Aug	Sept	Okt	Nov	Dez

Stechpalme

Stechpalme, Ilex
Ilex aquifolium

Aussehen Dieser immergrüne Strauch oder Baum kann zwischen 3 und 15 m hoch werden. Die ledrigen Blätter sind dunkelgrün und stachelig gezähnt. Die kleine, weiße Blüte ist vierzählig und entwickelt sind zu korallenroten, 7–12 mm großen Steinfrüchten, die erst nach dem Frost für Vögel genießbar werden.

Standort Ilex ist in ganz Europa, Westasien und Nordafrika heimisch. Weltweit werden zahlreiche Sorten als Zierpflanzen kultiviert.

Wissenswertes Im britischen Kulturkreis sind Stechpalmenzweige mit ihren roten „Beeren" als Weihnachtsschmuck sehr beliebt. Aus den in Nordamerika heimischen Arten brauten die dort lebenden Einwohner („Indianer") einen anregend wirkenden „Black Drink" und sorgten so vor den Schlachten für den nötigen Kampfesmut. Ilex wurde in der Volksmedizin bei Fieber, Gicht, chronischer Bronchitis und Verstopfung angewandt.

Die leuchtend roten Beeren stellen für Kinder eine große Gefahr dar. Die ersten Vergiftungssymptome können bereits nach der Aufnahme von zwei Beeren erfolgen. Eine verzehrte Menge von 20 bis 30 Beeren kann unter Umständen lebensbedrohlich sein. Die Giftstoffe bewirken Erbrechen, Magen-Darmbeschwerden und Durchfälle. Die Stechpalme ist auch giftig für Haustiere, so liegt die tödliche Dosis für einen Hund bereits bei 20 Beeren.

Ungiftige Alternative Beeren-Apfel *(Malus baccata 'Nigra')*

GIFTIGE PFLANZENTEILE

BLÜTEZEIT

Jan	Feb	März	April	Mai	Juni	Juli	Aug	Sept	Okt	Nov	Dez

Sadebaum

Sadebaum
Juniperus sabina

Aussehen Die bis zu 3 m hohe, dicht verzweigte Konifere hat schuppenförmige Nadel-
blätter und hängende, blauschwarze Beeren-
zapfen. Beim Zerreiben der Zweige entsteht
ein unangenehmer Geruch (Stink-Wacholder).
Standort Der Sadebaum stammt aus dem
südlichen Mitteleuropa und kommt in Hoch-
gebirgslagen ab 2000 m vor. Er wird häufig in
Parks und Gärten angepflanzt.
Wissenswertes Alle Pflanzenteile sind sehr
giftig, insbesondere aber die Zweigspitzen.
Früher wurde der Sadebaum auch bei Abtreibungen benutzt und führte oft ohne die ge-
wollte Abtreibung zum Tode der Schwange-
ren. Das Öl wurde äußerlich zur Behandlung
von Warzen verwendet. Es ruft auf der norma-
len Haut Blasen und tiefe Narben hervor.
Schon die Einnahme von sechs Tropfen des
ätherischen Öls des Sadebaums oder 5–20 g
der Zweigspitzen führt zu Übelkeit, Erbrechen, Atemstillstand, schweren inneren Blutungen sowie Nieren- und Leberschäden.
Immer wieder gibt es Meldungen, dass mit
Sadebaumbeeren verunreinigte Wacholderbeeren zum Aromatisieren von Gin verwendet worden waren. Deshalb wird die Verwendung der Wacholderbeeren mittlerweile
staatlich kontrolliert. Der Sadebaum ist nicht
nur für Wiederkäuer, sondern auch für Hunde
giftig, etwa beim Stöckchenspielen.
Ungiftige Alternative Douglasie *(Pseu-
dotsuga menziesii)*

GIFTIGE PFLANZENTEILE

BLÜTEZEIT

| Jan | Feb | März | April | Mai | Juni | Juli | Aug | Sept | Okt | Nov | Dez |

Zapfen

Virginischer Wacholder

Virginischer Wacholder
Juniperus virginiana

Aussehen Dieser Baum wird bis zu 25 m hoch. Die nadelförmigen Blätter sind 3–9 mm lang, die schuppenblättrigen hingegen nur bis zu 5 mm lang. Die Blätter haben eine schöne grau-grüne Farbe und duften sehr aromatisch. Der Virginische Wacholder blüht von März bis Mai. Die gestielten, kugeligen, blauen bis bräunlich blauen Zapfen enthalten die bis zu 4 mm großen Samen.

Standort Das Vorkommen des Virginischen Wacholders liegt im östlichen Nordamerika vom südlichen Quebec bis nach Texas und dem nördlichen Florida. Er liebt flachgründige, nährstoffarme Felsböden.

Wissenswertes Der Virginische Wacholder ist ein Kernholzbaum und mit seinem rotbraunen, wohlriechenden Holz für Schnitzarbeiten sehr beliebt. In seiner Heimat dient er als Nutz- und Forstbaum. Ein größeres Vorkommen in Deutschland liegt bei Nürnberg. Dort wird diese Art großflächig zur Gewinnung von Holz für Bleistifte angebaut. Aus den kugeligen Zapfen wird Gin hergestellt.

Alle Pflanzenteile des Virginischen Wacholders sind stark giftig. Nach Verzehr zeigt sich eine Vergiftung in Krämpfen, Atemnot und Kollaps, in schweren Fällen sogar Tod in Bewusstlosigkeit. Der Virginische Wacholder ist auch stark giftig für Hunde (Achtung beim Stöckchenspiel).

Ungiftige Alternative Fichte (*Picea alis* 'Nidiformis')

GIFTIGE PFLANZENTEILE

BLÜTEZEIT

| Jan | Feb | **März** | **April** | **Mai** | Juni | Juli | Aug | Sept | Okt | Nov | Dez |

Goldregen

Goldregen
Laburnum anagyroides

Aussehen Der mehrstämmige Baum wird bis zu 7 m hoch. Seine Krone wächst in Form eines Trichters mit überhängenden Zweigen. Typisch ist neben den goldgelben, in bis zu 20 cm langen Trauben herabhängenden Blüten (Name!) die grüne und glatte Rinde. Die dunkelgrünen Blätter sind dreigeteilt und bis zu 8 cm lang. Der Goldregen blüht im Frühsommer. Die Samen stecken in den etwa 8 cm langen, braunen, flachen Hülsen.

Standort Ursprünglich ist der Goldregen in Mittel- und Südosteuropa beheimatet. Er liebt durchlässige, kalkhaltige Böden und volle Sonne.

Wissenswertes Alle Pflanzenteile des Goldregens sind sehr giftig. Schon drei bis vier Hülsenfrüchte oder 15 Samen sind für Kinder tödlich. Bevor sich eine ernsthafte Vergiftung bemerkbar macht, wird in der Regel das aufgenommene Pflanzengut heftig erbrochen. Weitere Symptome einer Vergiftung sind kalter Schweiß und Muskelzittern. In den Giftzentralen sind diese Symptome ganz genau bekannt, da Goldregen zu den häufigen Fällen von Vergiftungen mit Pflanzen gehört.

Für Weidetiere sind 250 g Samen tödlich. Überlebt ein Muttertier eine solche Vergiftung, kann es durch den Gehalt an giftigem Cytisin in der Milch zu Sekundärvergiftungen beim Jungtier kommen.

Ungiftige Alternative Linde *(Tilia henryana)*

GIFTIGE PFLANZENTEILE

BLÜTEZEIT

| Jan | Feb | März | April | Mai | Juni | Juli | Aug | Sept | Okt | Nov | Dez |

Gemeiner Liguster

Früchte

Gemeiner Liguster, Rainweide
Ligustrum vulgare

Aussehen Der hohe, reich verzweigte Strauch besitzt glänzend dunkelgrüne Blätter. Im Juni/Juli bilden sich die weißen, stark duftenden Blüten in dichten Rispen. Die runde, schwarze, ca. 8 mm große Frucht entwickelt sich im zeitigen Herbst.

Standort Dieser Strauch ist im mediterranen Nordafrika und Europa bis Kleinasien beheimatet, er wird wegen seiner Schnittverträglichkeit gern als Zierheckengehölz angepflanzt.

Wissenswertes Ligustersträucher sind sehr anspruchslos und unempfindlich für Luftverschmutzung, daher sind sie überall in den Städten zur Begrünung verbreitet. Während der Blütezeit ist dieser Strauch bei Bienen beliebt, er zieht viele Schmetterlinge an. Nach dem Frost werden die Beeren von Vögeln gefressen, die eine wichtige Futterquelle in der Winterzeit sind. Alle Teile der Pflanze, aber besonders die Beeren, enthalten große Mengen von Secoiridoid-Glykosiden. Kinder sammeln beim Spielen gern die Beeren. Beim Genuss weniger Beeren kommt es zu schwachen Vergiftungssymptomen wie Übelkeit und Kopfschmerzen. Erst ab einer Menge von 15 Beeren sind bei Erwachsenen Vergiftungserscheinungen bemerkbar. Der Verzehr von größeren Mengen ist gefährlich, da er zu Schockzustand, Krämpfen und Atemproblemen führen kann.

Ungiftige Alternative Schlehe *(Prunus spirosa)*

GIFTIGE PFLANZENTEILE

BLÜTEZEIT

| Jan | Feb | März | April | Mai | Juni | Juli | Aug | Sept | Okt | Nov | Dez |

Heckenkirsche

Früchte

Heckenkirsche
Lonicera sp.

Aussehen Es gibt etwa 200 Arten von Heckenkirschen, die entweder ihr Laub abwerfen oder
immergrün sind. Die ungestielten Laubblätter
sind einfach und ohne Nebenblätter. Die Blüten stehen paarweise in den Blattachseln, die
Beeren einzeln oder in Doppelbeeren, die aus
Blütenpaaren entstehen können.

Standort Heckenkirschen kommen ursprünglich aus Südostasien. Als Ziergehölz angepflanzt brauchen sie einen vor Wind und Frost
geschützten Platz. Heimische Arten wie Rote
Heckenkirsche, Blaue Heckenkirsche und
Wald-Geißblatt sind unkomplizierte Pflanzen
für Pergola und Wandbegrünung.

Wissenswertes Namenspatron für den
botanischen Gattungsnamen *Lonicera* ist der
Arzt Adam Lonitzer (1528 bis 1586), der zu
seiner Zeit ein bekanntes Kräuterbuch ge-
schrieben hatte. Die verschiedenen Arten von
Lonicera sind für Insekten (Nachtfalter, Hum-
meln, Bienen, Wespen und Schwebfliege)
kostbare Nahrungspflanzen.

Die Beeren der Heckenkirsche gelten als
schwach giftig. Ab dem Verzehr von ungefähr
20 Beeren kommt es zu Vergiftungserscheinungen, die sich durch Zittern, Übelkeit und
Benommenheit bemerkbar machen. In den
Giftzentralen werden viele Anfragen zu den
Heckenkirschen registriert, da Kinder sehr
gern die Beeren essen.

Ungiftige Alternative Kriechende Rose
(Rosa arvensis)

GIFTIGE PFLANZENTEILE

BLÜTEZEIT

| Jan | Feb | März | April | Mai | Juni | Juli | Aug | Sept | Okt | Nov | Dez |

Bocksdorn

Bocksdorn
Lycium barbarum

Aussehen Der sommergrüne Strauch wird 2–4 m hoch. Seine rutenförmigen, stachligen Äste hängen bogenartig herab und tragen graugrüne Blätter. Die violetten, trichterförmigen Blüten sind im Sommer zu bewundern. Die meist länglichen Früchte leuchten im August bis Oktober in Orangegelb bis Rot.

Standort Das natürliche Vorkommen dieses Gehölzes liegt in Südosteuropa bis China. Heutzutage kommt es vorwiegend in und nahe den Städten Mitteleuropas vor. *Lycium barbarum* eignet sich sehr gut als Straßenbegleitgrünpflanze für pflegeextensive Standorte, da er salzverträglich ist.

Wissenswertes Der Bocksdorn wird als Zierpflanze gepflanzt, zudem wird er in der chinesischen Küche und der traditionellen chinesischen Medizin (TCM) eingesetzt. Getrocknete Bocksdornbeeren sollen gegen hohen Blutdruck und Blutzucker, bei Augenproblemen, zur Unterstützung des Immunsystems sowie zur Vorbeugung und bei der Behandlung von Krebs helfen. Für das Volk der Hunzukuc in Pakistan ist die Beere so heilig, dass ihr sogar ein eigener Feiertag gegeben wurde.

Für Menschen gilt heute der Bocksdorn als ungiftig, seine Früchte werden als Goibeeren vermarktet. Für Haustiere hingegen sind die Beeren giftig. So ist für Pferde die Aufnahme von 200 g Beeren tödlich.

Ungiftige Alternative Alpen-Johannisbeere *(Ribes alpinum)*

GIFTIGE PFLANZENTEILE

(nur tiergiftig)

BLÜTEZEIT

Jan	Feb	März	April	Mai	Juni	Juli	Aug	Sept	Okt	Nov	Dez

Mahonie

Früchte

Mahonie
Mahonia aquifolium

Aussehen Diese immergrüne Pflanze erreicht Höhen von fast 2 m. Die lederharten Blätter verfärben sich im Winter oftmals dekorativ bronzerot. Die ebenfalls dekorativen Blüten sind gelb und stehen in Trauben. Die bereiften, gut erbsengroßen Beerenfrüchte enthalten bis zu fünf rotbraune Samen.

Standort Ursprünglich kommt die Mahonie aus dem westlichen Nordamerika. Heute findet man sie kultiviert und verwildert in Mitteleuropa. Sie wächst sowohl in sonnigen als auch in halbschattigen Lagen und ist wegen ihrer dekorativen Erscheinung eine beliebte Garten- und Parkpflanze.

Wissenswertes Die Mahonie, vor allem die Wurzel- und Stammrinde, ist durch ihren Gehalt an Isochinolin-Alkaloiden und Berberin schwach giftig bis giftig. In der Wurzel sind 2,5–5 %, in den Beeren nur 0,6 % Alkaloide enthalten. Die Beeren schmecken stark sauer. Ihr dunkelroter, säurehaltiger Saft, der reich an Vitamin C ist, wird etwa für Marmelade verwendet. Allerdings kann der Verzehr von 50 Beeren bei Kindern mit entsprechender Empfindlichkeit zu Durchfall führen. Pflanzenextrakte der Mahonie, besonders das Berberin, werden gerne zur Bekämpfung von Haarschuppen und Schuppenflechte sowie gegen Akne verwendet. Bei Kleintieren sollte man den Kontakt mit der Mahonie meiden.

Ungiftige Alternative Gold-Johannisbeere *(Ribes aureum)*

GIFTIGE PFLANZENTEILE

BLÜTEZEIT

| Jan | Feb | März | April | Mai | Juni | Juli | Aug | Sept | Okt | Nov | Dez |

Blüten

Blauglockenbaum

Früchte

Blauglockenbaum
Paulownia tomentosa

Aussehen Der Blauglockenbaum erreicht eine stattliche Höhe von 15 m und wächst als laubabwerfender Baum in gerader Form mit dicken Ästen und breiter, lichter Krone. Die lang gestielten Blätter sind matt dunkelgrün bis hellgrün, auf der Unterseite samtig behaart. Die glockenförmigen, rosavioletten Blüten sind 5–6 cm lang und stehen in bis zu 40 cm großen traubigen Blütenständen. Die Frucht ist eine auffällige, breite Kapsel mit Schnabelspitze, die sich im reifen Zustand trocken braun verfärbt. Sie enthält etwa 600 leichte, häufig geflügelte Samen.

Standort Der Blauglockenbaum ist in Zentral- und Westchina beheimatet. Er wird aber mittlerweile in der ganzen westlichen Welt als Zierbaum kultiviert. In Bezug auf den Boden ist er anspruchslos.

Wissenswertes Das Holz des Blauglockenbaums wird in China wegen der guten Eigenschaften als Klangholz gern zur Herstellung von Musikinstrumenten verwendet. So besteht der Korpus etlicher Elektrogitarren aus dem Holz dieses Baums.

Die Pflanze ist für Menschen nur schwach giftig, bei kleinen Kindern sollte man aber vorsichtig im Kontakt mit dem Blauglockenbaum sein. Für Haustiere, besonders für Nager (Hamster, Meerschweinchen, Kaninchen, Mäuse), sind alle Pflanzenteile stark giftig.

Ungiftige Alternative Weißer Maulbeerbaum *(Morus alba)*

GIFTIGE PFLANZENTEILE

BLÜTEZEIT

| Jan | Feb | März | **April** | **Mai** | Juni | Juli | Aug | Sept | Okt | Nov | Dez |

Lorbeer-Kirsche

Früchte

Lorbeer-Kirsche, Kirschlorbeer
Prunus laurocerasus

Aussehen Dieser immergrüne, bis zu 4 m hohe Strauch besitzt glänzend dunkelgrüne Blätter. Die weißen, in aufrechten und länglichen Trauben beisammenstehenden Blüten riechen leicht stechend nach Aminen. Die kugeligen Steinfrüchte werden in der Reife schwarzviolett.

Standort Der Kirschlorbeer stammt aus Südosteuropa und Asien. Er liebt schattige bis halbschattige Standorte mit lehmigen Böden.

Wissenswertes 50 bis 60 samenhaltige Früchte stellen bei einem Erwachsenen die tödliche Dosis dar, bei Kindern können dagegen schon zehn samenhaltige Früchte zum Tod führen. Alle Pflanzenteile, besonders aber die Blätter und Samen, enthalten sehr giftige, blausäurehaltige Glukoside. Das Fruchtfleisch hingegen ist fast giftfrei. Eine Vergiftung zeigt sich zuerst durch Übelkeit, Erbrechen und Brennen im Mund. Danach folgen Schwindel und Atemnot. Da der Verzehr von einigen wenigen Früchten gefahrlos ist, sofern der Kern sofort ausgespuckt wird oder unverletzt den Magen-Darmtrakt verlässt, wird die Lorbeer-Kirsche in der Türkei kultiviert. Dort werden die Früchte zu Marmelade verarbeitet oder als Trockenfrüchte verzehrt. Hierbei bedarf es eines genauen Verarbeitens. Kirschlorbeer ist auch für alle Haustiere giftig, neben Kleintieren sind auch Großtiere gefährdet.

Ungiftige Alternative Hainbuche *(Carpinus betulus)*

GIFTIGE PFLANZENTEILE

BLÜTEZEIT

Jan	Feb	März	April	Mai	Juni	Juli	Aug	Sept	Okt	Nov	Dez

Rhododendron

Rhododendron, Azaleen
Rhododendron sp.

Aussehen Typisch für alle *Rhododendron*-Arten sind die lorbeerähnlichen Blätter. Die bis zu 5 m hohen Zuchtformen bestechen durch eine beeindruckende Vielfalt an Formen und Blütenfarben. An den natürlichen Standorten können diese Pflanzen bis zu 12 m hoch werden. Außer *Rhododendron ponticum* sind alle *Rhododendron*-Arten immergrün.

Standort Die meisten der ungefähr 1000 Arten kommen aus dem asiatischen Raum. Nur 20 Arten stammen aus Nordamerika. Mittlerweile gilt Rhododendron als eine der beliebtesten Gartenpflanzen auf der ganzen Welt.

Wissenswertes Alle Pflanzenteile enthalten das Gift Acetylandromedol. Die Vergiftungserscheinungen nach dem Verzehr sind Reizungen der Mundschleimhäute sowie ein Kribbeln der Haut. Seltener kommt es zu Übelkeit, Erbrechen, Schweißausbrüchen, Schwindelgefühl sowie Beschwerden der Verdauungsorgane mit Durchfall. Die Herztätigkeit kann sich verlangsamen. Bei schwerer Vergiftung kann der Tod durch Atemlähmung eintreten. Besonders Kinder sind gefährdet, da die bunten Blüten zum Spielen einladen und verschluckt werden können. Auch Haustiere reagieren nach der Aufnahme von Pflanzenteilen mit Vergiftungssymptomen. Eine einzige Blüte ist für Landschildkröten sogar innerhalb sehr kurzer Zeit tödlich.

Ungiftige Alternative Baum-Heide *(Erica arborea)*

GIFTIGE PFLANZENTEILE

BLÜTEZEIT

| Jan | Feb | **März** | **April** | **Mai** | **Juni** | **Juli** | Aug | Sept | Okt | Nov | Dez |

Essigbaum (*Rhus typhina* 'Laciniata')

Fruchtstand

Essigbaum
Rhus typhina

Aussehen Der mehrstämmige Essigbaum kann zwischen 3 und 12 m hoch werden. Markant sind seine unpaarig gefiederten Blätter. Im Herbst verfärben sich die Blätter von Gelb über Orange bis leuchtend Karmesinrot. Die Früchte sind trockene Steinfrüchte, die von einer dichten Schicht langer, roter Haare umgeben sind. Aus den flach wachsenden Wurzeln entwickeln sich Jungtriebe, die dicht, braun und filzig behaart sind.

Standort Dieser Baum stammt aus dem östlichen Nordamerika. Er wird besonders in gemäßigten Klimazonen als dekoratives Ziergehölz in Gärten und Parks verwendet. Die anspruchslose Pflanze verträgt keine kalten, nassen Standorte.

Wissenswertes Alle Pflanzenteile sind leicht giftig. Die Aufnahme größerer Mengen führt zu Magen- und Darmbeschwerden. Der Milchsaft kann bei Berührung zu Hautentzündungen führen. Auch sollten die Augen vor dem milchigen Saft geschützt werden. Haustiere, insbesondere Nager, sollten mit der Pflanze nicht in Kontakt kommen.

Die Indianer Nordamerikas setzten die Wurzeln als Mittel zur Blutstillung, die Früchte gegen Erkrankungen der Lunge und einen Tee aus der Wurzel gegen „innere Beschwerden" ein. Der deutsche Name Essigbaum kommt von dem sauren Zellsaft der Pflanze.

Ungiftige Alternative Mehlbeere (*Sorbus* 'Joseph Rock')

GIFTIGE PFLANZENTEILE

BLÜTEZEIT

| Jan | Feb | März | April | Mai | Juni | Juli | Aug | Sept | Okt | Nov | Dez |

Blüten

Robinie

Samenhülsen

Robinie, Gewöhnliche Scheinakazie
Robinia pseudoacacia

Aussehen Die Robinie ist ein aufrechter, 10–25 m hoher Baum. Die Triebe besitzen Dornen. Die Fiederblätter bestehen aus bis zu 19 Einzelblättern. Die weißen, wickenähnlichen Blüten in traubigen Blütenständen duften sehr intensiv. Die Samenhülsen sind flach.

Standort Dieser Baum stammt aus Nordamerika und wurde von dort im 17. Jahrhundert als Nutzpflanze zuerst nach Frankreich gebracht. Heute hat sie sich weltweit an Ufern und Böschungen selbst ausgepflanzt, besonders in Europa und Asien.

Wissenswertes Die Scheinakazie enthält vorwiegend in ihrer Rinde giftige Toxalbumine. Kinder, die die süßlich duftende und ebenso schmeckende Rinde oder Samen kauen, sind im Besonderen gefährdet. Die ersten Symptome einer Vergiftung, Übelkeit, Erbrechen, Bauchschmerzen und Blässe, können schon nach der Aufnahme von nur vier Samen auftreten. Die Pupillen erweitern sich, es treten zudem Krämpfe auf.

Die Robinie ist besonders tiergiftig. So sollten beispielsweise niemals Ställe aus dem Holz der Robinie gebaut sein. Pferde, die Robinienrinde oder das Bauholz anfressen, können bereits innerhalb von vier Stunden an dieser Vergiftung verenden. Robinien sind aber auch eine wichtige Bienenpflanze. So ist in Europa der helle Akazienhonig sehr bekannt.

Ungiftige Alternative Oregon-Ahorn *(Acer macrophyllum)*

GIFTIGE PFLANZENTEILE

BLÜTEZEIT

Jan	Feb	März	April	Mai	Juni	Juli	Aug	Sept	Okt	Nov	Dez
				Mai	Juni	Juli					

Schwarzer Holunder

Schwarzer Holunder, Früchte

Holunder
Sambucus sp.

Aussehen Zu dieser Gattung *Sambucus* gehören etwa 25 Arten von Sträuchern, kleinen Bäumen und Stauden. Typisch sind das dicke Mark, die gefiederten Blätter und die schirm- oder straußförmigen Blütenstände. Der Schwarze Holunder *(Sambucus nigra)* liefert essbare Doldenblütenstände sowie schwarze Früchte. Rote Früchte besitzt der Trauben-Holunder *(S. racemosa)*. Kleiner im Wuchs ist der Zwerg-Holunder *(S. ebulus)*, eine unangenehm duftende Staude.

Standort Holunder wächst weltweit in allen gemäßigten und subtropischen Gebieten.

Wissenswertes Seit der Antike gilt der Schwarze Holunder als wichtige Arzneipflanze. Die Holunderblüten wirken schweißtreibend, fiebersenkend und schleimlösend und sind deswegen vielen Erkältungstees beigemischt. Die Blätter und Früchte vom Schwarzen Holunder enthalten Sambunigrin. Deshalb dürfen die Beeren nie roh, sondern nur im gekochten Zustand verzehrt werden. Nach dem Kochen ist diese Substanz ungiftig. Nach dem Verzehr der rohen Früchte treten besonders bei Kindern Vergiftungserscheinungen wie Erbrechen und starke Durchfälle auf. Schwarzer Holunder ist auch für Haustiere giftig. Sitticharten dürfen nicht an der Rinde knabbern. Zwerg-Holunder verursacht bei Pferden Koliken, blutigen Durchfall und Schwindel.

Ungiftige Alternative Eberesche, Vogelbeere *(Sorbus aucuparia* 'Edulis')

GIFTIGE PFLANZENTEILE

BLÜTEZEIT

Jan	Feb	März	April	Mai	Juni	Juli	Aug	Sept	Okt	Nov	Dez

Schnurbaum, Hülsen

Japanischer Schnurbaum
Sophora japonica

Aussehen Dieser bis zu 30 m hohe Laubbaum besitzt bis zu 25 cm lange, unpaarig gefiederte Blätter. Er blüht weiß bis gelblich in aufrecht stehenden Rispen. Diese sind bis zu 30 cm lang. In den stark eingeschnürten Hülsen befinden sich die Samen.

Standort Der Japanische Schnurbaum stammt aus Ostasien, und zwar nicht aus Japan wie der Name vermuten lässt, sondern aus China und Korea. Vor 250 Jahren wurde er in Europa erstmals gepflanzt. Heutzutage ist er in jedem größeren Park oder als Straßenbaum in Europa verbreitet. Besonders attraktiv ist die veredelte Form 'Pendula'.

Wissenswertes Der Name Schnurbaum ist auf seine Hülsenfrüchte zurückzuführen, die zwischen den Samen stark eingeschnürt sind. Er wird auch als Japanischer Pagodenbaum bezeichnet. Wegen seiner guten Verträglichkeit für Autoabgase wird dieser Baum gern als Alleebaum eingesetzt.

In den Samen des Schnurbaums wurde dasselbe Alkaloid wie im Goldregen (s. S. 136) sowie Sophocarpin nachgewiesen. Die Samen sind vor allem im unreifen Zustand besonders für Kinder sehr giftig. Als Symptome können Übelkeit, Erbrechen und Durchfall auftreten. Der Schnurbaum ist zudem auch für alle anderen Warmblüter (alle Säugetiere wie Weidevieh oder Haustiere und Vögel) giftig.

Ungiftige Alternative Silber-Linde *(Tilia tomentosa)*

GIFTIGE PFLANZENTEILE

BLÜTEZEIT

| Jan | Feb | März | April | Mai | Juni | Juli | **Aug** | **Sept** | Okt | Nov | Dez |

Schneebeere

Früchte

Knallerbsenstrauch, Schneebeere
Symphoricarpos albus

Aussehen Durch ihre vielen Ausläufer bildet die Schneebeere einen dichten Strauch. Die ovalen, leicht behaarten Blätter sind 4–6 cm lang und bläulich grün. Die typische kugelige, beerenartige, schneeweiße Steinfrucht reift im September.

Standort In Nordamerika beheimatet ist die Schneebeere völlig anspruchslos an Boden, Klima und Standort.

Wissenswertes Die Indianer in Washington und Oregon aßen die frischen und getrockneten Früchte und nutzten sie als Haarshampoo. Aus dem Holz wurden Pfeilschäfte und Pfeifenrohre hergestellt.

Die Beeren und Wurzeln der Schneebeere sind giftig. Wie die in den Beeren enthaltenen Ur-sol- und Oleanolsäure wirken, ist nicht völlig geklärt. Nur Kinder sind beim Spielen mit den Beeren gefährdet. Einerseits kann es durch das Zerdrücken der als „Knallerbsen" beliebten Früchte zu entzündlichen Hautreaktionen kommen, andererseits verursachen verschluckte Beeren Schleimhautreizungen, Erbrechen und Magenschmerzen sowie Durchfall. Ernste Vergiftungen durch die Schneebeere sind nicht bekannt. Das liegt wohl an der geringen Giftigkeit, denn ein 75 kg schwerer Mensch müsste 33 kg Schneebeeren essen, um die tödliche Dosis zu erreichen. In dieser Menge sind sogar Spaghetti giftig.

Ungiftige Alternative Weißfruchtige Eberesche *(Sorbus koehneana)*

GIFTIGE PFLANZENTEILE

BLÜTEZEIT

Jan	Feb	März	April	Mai	Juni	Juli	Aug	Sept	Okt	Nov	Dez

Gemeine Eibe

Gemeine Eibe
Taxus baccata

Aussehen Dieser sehr langsam wachsende, immergrüne Baum wird bis zu 1000 Jahre alt und bis zu 20 m hoch. Die Rinde ist rotbraun, das Nadelkleid erscheint zweireihig. Typisch ist der Arillus, das den dunklen Samen umschließende rote „Fruchtfleisch".

Standort Die Eibe kommt natürlicherweise in ganz Europa und Kleinasien vor.

Wissenswertes Eibenholz war in der Antike und im Mittelalter sehr begehrt für den Lanzen- und Bogenbau. Die Eibe ist in allen Pflanzenteilen äußerst giftig, mit Ausnahme des fleischigen, roten Arillus. Eibengift wurde und wird immer noch zum Selbstmord verwendet. Die für den erwachsenen Menschen tödliche Dosis liegt bei ungefähr 1 mg Eibentoxin pro kg Körpergewicht. Für Kinder sind die roten, süßlich schmeckenden Früchte besonders verführerisch. 30–90 Minuten nach dem Genuss treten mit Pupillenerweiterung und geröteten Lippen erste Vergiftungserscheinungen auf. Bronchialkrämpfe sowie Atem- und Kreislaufversagen führen nach 90 Minuten bis zu 24 Stunden nach der Einnahme zum qualvollen Tod durch Zusammenziehen der Kehle. Eiben sollten niemals in Hausgärten, auf Schulhöfen oder in der Nähe von Spielplätzen gepflanzt werden. Auch Tiere, insbesondere Pferde, knabbern gerne an Eiben und vergiften sich auf diese Weise.

Ungiftige Alternative Koreanische Tanne *(Abies koreana)*

GIFTIGE PFLANZENTEILE

BLÜTEZEIT

| Jan | Feb | **März** | April | Mai | Juni | Juli | Aug | Sept | Okt | Nov | Dez |

Abendländischer Lebensbaum

Unreife Früchte

Abendländischer Lebensbaum
Thuja occidentalis

Aussehen Dieser kegelförmig wachsende, immergrüne Baum wird bis zu 20 m hoch. Die Blätter sind schuppenähnlich, Blüte und Früchte unscheinbar.

Standort Die Heimat der *Thuja* liegt im östlichen Nordamerika. Heute findet man ihn auf der ganzen Welt auf nährstoffreichen und feuchten Böden. 'Smaragd' ist die beliebteste Sorte als Solitär in Gärten und Friedhöfen. *Thuja* wird auch als Sichtschutzhecke in Gärten verwendet.

Wissenswertes Alle Pflanzenteile enthalten das Nervengift Thujon und sind giftig. Nicht nur der Verzehr, sondern bereits das mehrmalige Berühren führt zu Vergiftungen. Thujon reizt Haut und Schleimhäute und kann Juckreiz, Hautrötungen und -entzündungen auslösen. Nach dem Verzehr kommt es zu Schleimhautreizungen, Magen-Darmbeschwerden, Übelkeit, Brechreiz, Schäden an Herz, Leber und Nieren sowie zu Krampfanfällen. Langfristig eingenommen führen geringe Mengen zu Persönlichkeitsverlusten. Das Extrakt der *Thuja* und Thujaöl wurden in der Volksmedizin auch zum Abtreiben verwendet, führten dabei aber oftmals zum Tod. Die ätherischen Öle wurden früher auch in Desinfektions- und Reinigungsmitteln sowie Kosmetika verwendet, lösten aber oft Allergien aus. Für alle Haustiere ist die *Thuja* sehr giftig.

Ungiftige Alternative Nordmanns-Tanne *(Abies nordmanniana)*

GIFTIGE PFLANZENTEILE

BLÜTEZEIT

Jan	Feb	März	April	Mai	Juni	Juli	Aug	Sept	Okt	Nov	Dez

Gemeiner Schneeball

Gemeiner Schneeball
Viburnum opulus

Aussehen Dieser Strauch erreicht eine Höhe von bis zu 4 m. Die gleichmäßig grünen Laubblätter sind mehrlappig. Die weißen Blütenstände duften. Die roten, erbsengroßen Beeren reifen von August bis November.

Standort Diese Pflanzenart ist in ganz Europa, West- und Nordasien verbreitet. Sie liebt feuchte Standorte und wächst wild vor allem an feuchten Gebüschen, Ufern von Gewässern sowie an lichten Waldrändern. Als beliebte Zierpflanze mit feinem Duft ist der Gemeine Schneeball in Gärten und Parks vertreten.

Wissenswertes Der Schneeball enthält in den unreifen Beeren, den Blättern und in der Rinde giftig wirkende Glykoside sowie Viburnin, die für Kinder eine gewisse Gefahr darstellen. Die reifen Früchte sind nur noch schwach giftig. Vermutlich werden die Giftstoffe auch durch Gefrieren nach dem ersten Frost abgebaut. Da sich dabei der Zuckergehalt erhöht und der säuerliche, bittere Geschmack verbessert wird, können nun die Früchte auch für Marmelade und Gelees verwendet werden. Vergiftungen mit unreifen Früchten nehmen meist einen leichten Verlauf mit Erbrechen und Durchfall, können aber auch bei größeren Mengen zu Herzrhythmusstörungen führen. Obwohl der Schneeball giftig ist, sollte er in keinem Naturgarten fehlen. Er gilt nämlich als gute Bienenweide, wertvoller Vogelnähr- und Vogelschutzstrauch und ist bei Fledermäusen beliebt. *V. opulus* ist leicht giftig für Pferde.

GIFTIGE PFLANZENTEILE

BLÜTEZEIT

| Jan | Feb | März | April | Mai | Juni | Juli | Aug | Sept | Okt | Nov | Dez |

Immergrün

Immergrün
Vinca sp.

Aussehen Die *Vinca*-Arten, die zu den Hundsgiftgewächsen gehören, sind immergrüne und mehrjährige, krautige Pflanzen bis Halbsträucher. Die einfachen Laubblätter sind paarweise angeordnet. Das Immergrün blüht in Blau, Violett oder Weiß. Aus jeder Blüte entstehen zwei Balgfrüchte mit vier bis acht Samen.
Standort Das Immergrün ist in ganz Eurasien verbreitet. Es wird gern in Parks und Gärten als Zierpflanze eingesetzt. Am besten gedeiht es unter oder vor Gehölzen. Wegen seinem dichten Wuchs haben sich die *Vinca*-Arten als Bodendecker auf Grabstätten und auf anderen Flächen bewährt. Diese Pflanze verwildert auch häufig und wird oftmals über die Ablagerung von Gartenschnitt verbreitet.

Wissenswertes Diese Pflanzen enthalten in allen Teilen das giftige Indol-Alkaloid, das stark blutdrucksenkend wirkt. Daher kann es zu Herz-Kreislaufproblemen kommen, ebenso können auch Beschwerden im Verdauungstrakt und Hautrötungen auftreten. Vögel und Landschildkröten sind ebenso gefährdet. Wegen ihrem dichten Wuchs sind die *Vinca*-Arten beliebte Bodendecker, die das Aufkommen von Unkräutern reduzieren. Früher wurden Kränze aus Immergrün zum Schutz gegen Blitzschlag ans Haus gehängt und auch Braut- und Totenkränze wurden aus den beblätterten Trieben geflochten.
Ungiftige Alternative Storchschnabel *(Geranium)*

GIFTIGE PFLANZENTEILE

BLÜTEZEIT

Jan	Feb	**März**	**April**	**Mai**	Juni	Juli	Aug	Sept	Okt	Nov	Dez

Blauregen

Blauregen, Glyzinie
Wisteria sinensis

Aussehen Diese starkwüchsige, verholzende Kletterpflanze kann eine Wuchshöhe von über 30 m erreichen. Sie ist wie alle anderen *Wisteria*-Arten unkompliziert, benötigt aber je nach Wüchsigkeit einen mehrmaligen Rückschnitt. Blauregen blüht in auffällig großen, hängenden Traubenblütenständen in bläulichen bis weißen Farben zumeist zweimal jährlich, wobei die ersten Blüten im Frühjahr mit den ersten Blättern erscheinen, die zweite Blüte folgt im Juli oder August. Aus den Blüten entwickeln sich die Hülsenfrüchte.

Standort Der Blauregen stammt ursprünglich aus Ostasien, ist heute aber eine beliebte Pergolapflanze in Parks und Gärten. Er liebt sonnige Standorte ohne Staunässe. Wegen seiner Wüchsigkeit benötigt er starke, gut verankerte Rankgerüste und Pergolen.

Wissenswertes Alle Pflanzenteile, besonders Samen, Hülsen, Rinde und Wurzel, sind giftig. Die attraktiven Hülsenfrüchte verführen Kinder zum Spielen und Naschen. Bereits nach dem Verzehr von zwei Samen treten die ersten Vergiftungssymptome mit Magenbeschwerden, Erbrechen und Durchfall, Kopfschmerzen, Schwindel und Kreislaufkollaps auf. Auch für Haustiere, besonders Kaninchen, ist die Pflanze giftig. Vom Blauregen existieren zahlreiche Zuchtformen. Sie braucht im August einen starken Rückschnitt.

Ungiftige Alternative Scharfzähniger Strahlengriffel, Kiwi *(Actinidia arguta)*

GIFTIGE PFLANZENTEILE

BLÜTEZEIT

Jan	Feb	März	April	Mai	Juni	Juli	Aug	Sept	Okt	Nov	Dez

Vergiftungen – was tun?

In allen Fällen gilt: Ruhe bewahren!

Bei Hautrötungen und -entzündungen
Wenn Ihr Kind oder Sie in Kontakt mit einer Pflanze kamen, die Hautreaktionen auslöst, müssen die betroffenen Hautpartien ausgiebig unter fließend warmem Wasser abgespült werden.
Dasselbe gilt auch für Kontakt mit den Augen: Spülen Sie die Augen sofort mindestens zehn Minuten lang unter fließend warmem Wasser. Augenlider dabei gut offen halten. Wasserfluss direkt auf das Auge richten, um noch vorhandene Reste so schnell wie möglich zu verdünnen und auszuspülen. Schonender für die Augen ist ein Ausspülen mit steriler, künstlicher Tränenflüssigkeit. Gehen Sie bei unklarem Befund danach sofort zum Augenarzt.

Bei Verzehr giftiger Pflanzenteile
Die meisten (aber nicht alle!!) giftigen Pflanzen, Früchte und Samen schmecken nicht sehr gut. Kleinkinder spucken sie oft schnell wieder aus. Meist sind die eingenommenen Mengen dann eher gering und die Vergiftungserscheinungen beschränken sich auf Übelkeit oder leichtes Erbrechen. **Eine Faustregel besagt, dass Kinder den Verzehr einer einzigen Beere von jeder heimischen Pflanze unbeschadet überstehen können.**
Geben Sie dem Betroffenen nichts zu trinken, sondern wenden Sie sich sofort an die Giftnotrufzentrale. Halten Sie am besten Pflanzenteile oder das Erbrochene bereit. In leichten Vergiftungsfällen hilft die Gabe von in Wasser aufgeschwemmter Aktivkohle.

Der Versuch, den Betroffenen zum Erbrechen zu bringen, sollte nur von einem erfahrenen Arzt mit einem speziellen Medikament ausgelöst werden. Keinesfalls sollte das Erbrechen durch Reizung des Gaumensegels mit dem Finger oder ähnliche Aktionen erzwungen werden. Oft hat dies gefährliche Folgen. Verliert der Betroffene das Bewusstsein, bringen Sie ihn sofort in stabile Seitenlage und wenden Sie seinen Kopf nach unten. Dann rufen Sie umgehend den Notarzt unter der Notrufnummer **112**.
Geben Sie Folgendes an:
• Was ist passiert?
• Wer hat sich vergiftet? (Alter und Körpergewicht)
• Wie erfolgte die Vergiftung?
• Wann erfolgte die Vergiftung?
• Wie viel? (Dosis)

Bei Vergiftungen mit Pflanzenteilen oder den Samen der Eiben muss sofort der Notarzt kontaktiert werden.

Giftnotrufzentralen
Tag und Nacht erreichbar

Deutschland
Institut für Toxikologie
Giftnotruf Berlin
Oranienburger Str. 285
D-13437 Berlin
Tel. (0 30) 1 92 40
www.giftnotruf.de

Giftinformationszentrum Nord
Pharmakol. u. toxikol. Servicezentrum
der Universitätsmedizin Göttingen
Robert-Koch-Str. 40
D-37075 Göttingen
Tel. (0 551) 1 92 40
www.giz-nord.de

Informationszentrale gegen Vergiftungen
der Rhein. Fried.-Wilh.-Univ.
Zentrum f. Kinderheilkunde
Adenauerallee 119
D-53113 Bonn
Tel. (0 228) 1 92 40
www.meb.uni-bonn.de/giftzentrale

Beratungsstelle bei Vergiftungen der II. Med. Klinik
und Poliklinik der Universität
Langenbeckstr. 1
D-55131 Mainz
Tel. (0 61 31) 1 92 40
www.giftinfo.uni-mainz.de

Universitätskliniken Klinik für Kinder- und
Jugendmedizin
Kirrberger Str.
Gebäude 9
D-66421 Homburg/Saar
Tel. (0 68 41) 1 92 40
www.uniklinikum-saarland.de/
de/einrichtungen/andere/giftzentrale

Informationszentrale für Vergiftungen
Universitätskinderklinik Freiburg
Mathildenstr. 1
D-79106 Freiburg
Tel. (0 761) 1 92 40
www.ukl.uni-freiburg.de/giftberatung/live/index.
html

Giftnotruf München
Tox. Abt. d. II. Med. Klinik rechts der Isar
Ismaninger Str. 22
D-81675 München
Tel. (0 89) 1 92 40
www.toxinfo.org

Giftinformationszentrale
Med. Klinik 2 des Klinikums Nürnberg mit
toxikologischer Intensivstation
Professor-Ernst-Nathan-Str. 1
D-90340 Nürnberg
Tel. (0 911) 3 98-24 51 oder (0 911) 3 98-34 78
www.giftinformation.de

Gemeinsames Giftinformationszentrum
der Länder Mecklenburg-Vorpommern, Sachsen,
Sachsen-Anhalt u. Thüringen
c/o Klinikum Erfurt GmbH
Nordhäuser Str. 74
D-99089 Erfurt
Tel. (0 361) 7 30-7 30
www.ggiz-erfurt.de/

Österreich
Vergiftungs-Informations-Zentrale
Allgemeines Krankenhaus
Währinger Gürtel 18–20
A-1090 Wien
Tel. (0 043) 1-4 04 00 42 25

Schweiz
Schweizerisches Toxikologisches
Informationszentrum
Freiestr. 16
CH-8028 Zürich
Tel. 145 (24-Stunden-Notruf)
Tel. (0 041) 44-2 51 51 51 (Notruf)
Tel. (0 041)-44-2 51 66 66 (Anfragen)

Register

Acalypha hispida 14
Aconitum napellus 56
Actaea alba 57
- *spicata* 57
Adenium obesum 15
Adonis vernalis 58
Adonisröschen, Frühlings- 58
Aethusa cynapium 59
Aglaonema commutatum 16
Agrostemma githago 60
Akelei, Gemeine 64
Allergien 10f.
Aloe 17
Aloe vera 17
Alpenveilchen 81
-, Persisches 29
-, Zimmer- 29
Alraune 102
Amaryllis 30, 39
Amaryllis bella-donna 30
Ambrosia artemisiifolia 10, 61
Ambrosie 10, 61
Andromeda polifolia 120
Anemone blanda 62
- *nemorosa* 62
Anthurium scherzerianum 18
Apocynum cannabinum 63
Aquilegia vulgaris 64
Arctotis venusta 65
Aristolochia macrophylla 19
Arnica montana 66
Arnika 66
Aronstab, Gefleckter 67
-, Italienischer 67
Arum italicum 67
- *maculatum* 67
Asarum europaeum 68
Asclepias syriaca 69
Atropa belladonna 70
Azaleen 143

Ballonrebe 24
Bärenklau 96
Bärenohr 65
Baumfreund 46
Begonia sp. 20
Begonie 20

Belladonnenlilie 30
Besenginster 127
Bignonia capreolata 21
Bilsenkraut, Schwarzes 98
Birkenfeige 36
Blattbegonie 20
Blauglockenbaum 141
Blauregen 153
Bocksdorn 139
Bogenhanf 49
Bohne, Garten- 106
Brugmansia sp. 22
Brunfelsia pauciflora 23
Brunfelsie 23
Bryonia alba 71
Buchsbaum 121
Buxus sempervirens 121

Calla palustris 72
Callicarpa bodinieri 122
Caragana arborescens 123
Cardiospermum halicacabum 24
Catharanthus roseus 25
Chelidonium majus 73
Christophskraut, Schwarz-
    früchtiges 57
-, Weißfrüchtiges 57
Christusdorn 34
Cicuta virosa 74
Clematis vitalba 124
Clivia miniata 26
Codiaeum variegatum 27
Colchicum sp. 75
Conium maculatum 76
Consolida regalis 77
Convallaria majalis 78
Corydalis cava 79
Corylus avellana 125
Cotoneaster sp. 126
Crocus sp. 80
Cycas revoluta 28
Cyclamen cilicium 81
- *coum* 81
- *hederifolium* 81
- *intaminatum* 81
- *persicum* 29
- *purpurascens* 81
- *pseudibericum* 81
Cynoglossum officinale 82

Cyrtanthus elatus 30
Cytisus sp. 127

Daphne mezereum 128
Datura metel 83
Delphinium sp. 84
Dicentra spectabilis 85
- *eximia* 85
Dictamnus albus 86
Dieffenbachia seguine 31
Dieffenbachie 31
Digitalis grandiflora 87
- *lutea* 87
- *purpurea* 87
Dioscorea elephantipes 32
Diptam 86
Dracaena sp. 33
- *fragans* 33
- *marginata* 33
Drachenbaum 33
Drachenwurz 72
Dryopteris filix-mas 88

Echinacea purpurea 89
Echium sp. 90
Efeu 132
Efeutute 50
Eibe, Gemeine 149
Eisenhut, Blauer 56
Elefantenfuß 32
Engelstrompete 22
Eranthis hyemalis 91
Erbsenstrauch 123
Essigbaum 144
Eucalyptus globulus 129
Eukalyptus 129
Euonymus europaeus 130
Euphorbia milii 34
- *pulcherrima* 35

Faulbaum 131
Feige, Birken- 36
Feige, Echte 37
-, Geigen- 37
Feldrittersporn 77
Fensterblatt 43
Ficus benjamina 36
- *carica* 37
- *elastica* 37
- *lyrata* 37

Fingerhut 87
Flamingoblume 18
Flammendes Kätchen 41
Frangula alnus 131
Fuchsschwanz 14

Gaillardia aristata 92
Gartenbohne 106
Geißklee 127
Germer 117
Glockenbilsenkraut 112
Gloriosa superba 38
Glyzinie 153
Gnadenkraut, Gottes- 93
Goldregen 136
Gratiola officinalis 93
Gummibaum 37

Hahnenfuß 110
Hasel, Gemeine 125
Haselnuss 125
Haselwurz 68
Heckenkirsche 138
Hedera helix 132
Heliotropium arborescens 94
Helleborus sp. 95
Heracleum sp. 96
Herbstzeitlose 75
Herkulesstaude 96
Herz, Tränendes 85
Herzblume, Zwerg- 85
Heuschnupfen 10f.
Hippeastrum sp. 39
Holunder 146
Hottentottenbrot 32
Hundspetersilie 59
Hundswürger, Hanfartiger 63
Hundszunge, Echte 82
Hyacinthus orientalis 97
Hyazinthe, Garten- 97
Hyoscamus niger 98

Ilex 133
Ilex aquifolium 133
Immergrün 152
-, Madaskar- 25
Ipomoea sp. 40

Juniperus sabina 134
Juniperus virginiana 135

*K*alanchoe blossfeldiana 41
Kartoffel 114
Katzenschwanz 14
Kermesbeere 107
Kinder 6ff.
Kirschlorbeer 142
Klivie 26
Knallerbsenstrauch 148
Knollenbegonie 20
Kokardenblume, Prärie- 92
Kolbenfaden 16
Kompostierung von Giftpflanzen 9
Kontaktallergie 11
Korallenbäumchen 51
Kornrade 60
Kreuzallergie 11
Kreuzrebe 21
Krokus 80
-, Safran- 80
Küchenschelle, Gewöhnliche 108

*L*aburnum anagyroides 136
Lantana camara 42
Latexallergie 11
Lebensbaum, Abendländischer 150
Lerchensporn, Gelber 109
-, Hohler 79
Liebesperlenstrauch 122
Liguster, Gemeiner 137
Ligustrum vulgare 137
Lolch, Taumel- 99
Lolium temulentum 99
Lonicera sp. 138
Lorbeer-Kirsche 142
Lupine 100
Lupinus sp. 100
Lycium barbarum 139
Lycopersicon esculentum 101

*M*adagaskar-Immergrün 25
Mahonia aquifolium 140
Mahonie 140
Maiglöckchen 78
Mandragora officinarum 102
Margerite, Bunte 53
Mohn, Island- 105
-, Schlaf- 105

Monstera sp. 43
Muscari armeniacum 103
- *botryoides* 103
- *comosum* 103
- *latifolium* 103
- *neglectum* 103

*N*achtschatten, Bittersüßer 113
Narcissus poeticus 104
- *pseudonarcissus* 104
Narzisse 104
Natternkopf 90
Nerium oleander 44
Nicotiana sp. 45
Nieswurz 95

Oleander 44
Osterglocke 104

Palmfarn 28
Palmlilie, Graue 54
Papaver nudicaule 105
- *somniferum* 105
Paulownia tomentosa 141
Pfaffenhütchen, Gewöhnliches 130
Pfeifenwinde 19
Phaseolus vulgaris 106
Philodendron sp. 46
Philodendron, Baum- 46
Phytolacca sp. 107
Pollenallergie 10
Primel, Becher- 47
Primula obconica 47
Prunkwinde 40
Prunus laurocerasus 142
Pseudofumaria lutea 109
Pulsatilla vulgaris 108
Purpurtute 52

Rainweide 137
Ranunculus sp. 110
Rhododendron 143
Rhododendron sp. 143
Rhus typhina 144
Ricinus communis 48
Riemenblatt 26
Rittersporn 84
-, Feld- 77
Ritterstern 39

Rizinus 48
Robinia pseudoacacia 145
Robinie 145
Rosenlorbeer 44
Rosmarinheide 120
Ruhmeskrone 38
Ruta graveolens 111

Sadebaum 134
Sambucus ebulus 146
- *nigra* 146
- *racemosa* 146
Sansevieria trifasciata 49
Scheinakazie, Gewöhnliche 145
Schiefblatt 20
Schierling, Gefleckter 76
-, Wasser- 74
Schlangenwurz 72
Schneeball, Gemeiner 151
Schneebeere 148
Schnurbaum 147
Schöllkraut 73
Schwalbenwurz, Weiße 118
Schwiegermutterzunge 49
Scindapsus sp. 50
Scopolia carniolica 112
Seidelbast, Gemeiner 128
Seidenpflanze, Gemeine 69
Solanum dulcamara 113
- *pseudocapsicum* 51
- *tuberosum* 114

Sonnenhut, Purpurroter 89
Sonnenwend, Strauchige 94
Sophora japonica 147
Stechapfel, Indischer 83
Stechpalme 133
Symphoricarpos albus 148
Syngonium podophyllum 52

Tabak 45
–, Bauern- 45
-, Virginischer 45
-, Zier- 45
Tanacetum coccineum 53
Taxus baccata 149
Thuja occidentalis 150
Tiergiftigkeit 6, 12
Tollkirsche 70
Tollkraut 112
Tomate 101
Traubenhyazinthe 103
-, Schopfige 103
-, Weinbergs- 103
Traubenkraut, Amerikanisches
  61
Trollblume, Europäische 115
Trollius europaeus 115
Tulipa sp. 116
Tulpe 116

Vallota 30
Vanilleblume 94

Veratrum sp. 117
Verbrennen von Giftpflanzen 9
Vergiftungen 8
Viburnum opulus 151
Vinca sp. 152
Vincetoxicum hirundinaria 118

Wacholder, Stink- 134
-, Virginischer 135
Waldrebe, Gemeine 124
Wandelröschen 42
Wasserschierling 74
Weihnachtsstern 35
Weinraute 111
Windröschen, Blaues 62
-, Busch- 62
Winterling 91
Wisteria sinensis 153
Wüstenrose 15
Wunderbaum 48
Wunderstrauch 27
Wurmfarn, Gemeiner 88

Yucca 54
Yucca elephantipes 54

Zaunrübe, Weiße 71
Zwergherzblume 85
Zwergmispel 126

Mit 220 Farbfotos
Digitalstock / Alkimson (S. 125), Digitalstock / Angela (S. 124ure), Digitalstock / B. Türk (S. 56), Digitalstock / C. Rettig (S. 101), Digitalstock / F. Fischer (S. 80), Digitalstock / F. Funke (S. 83re), Digitalstock / H. Nitschke (S. 78re), Digitalstock / H. Rau (S. 124li), Digitalstock / H. Spona (S. 83li), Digitalstock / M. Berg (S. 106, 140re), Digitalstock / P. Theiß (S. 92), Digitalstock / Pierrot (S. 75), Digitalstock / R. Hunold (S. 3 Mi, 88re), Digitalstock / R. Ubert (S. 81), Digitalstock / T. Liposcak (S. 80li), Digitalstock / U. Heinrich (S. 39re), Digitalstock / W. Hilpert (S. 5u, 119), Digitalstock / W. Stölzner (S. 12), Floradania (S. 51), Flora Mediterranea / M. Sansoni-Köchel (S. 21), Flora Press (S. 20li, 7, 20li, 35, 39li, 91, 126li), Flora Press / BIOSPHOTO (S. 3ure, 10, 110, 42re, 90, 144re, 153), Flora Press / O. Diez (S. 60li, 71li, 73 beide, 87li, 89li, 111, 121li, 142li), Flora Press / GAP Photos (S. 135 beide), Flora Press / M. Schindler (S. 103), Flora Press / Visions (S. 1, 2 Mire, 30re, 3uli, 50, 5 Mi, 6 beide, 8u, 13, 15, 16, 20re, 22, 25, 26li, 28, 29, 32, 33li, 37re, 38 beide, 40, 41, 42li, 43, 45, 46, 50, 52re, 54li, 55, 69re, 80re, 85, 88li, 95 beide, 97, 100, 104, 108, 114re, 116li, 122, 127li, 138li, 143, 145li, 149, 151, 152), Gartenschatz (S. 2 Mili, 2ure, 30li, 9, 11u, 17, 18, 19, 26re, 44, 48, 54re, 58, 60re, 67li, 78li, 87re, 89re, 98 beide, 113, 114li, 115, 1240re, 126re, 128 beide, 130re, 132, 133, 136, 137re, 138re, 139, 140li, 1410re, 144li, 1450re, 147, 148re, 150 beide, 154), F. Hecker (S. 2uli, 57re, 59, 72, 79, 107, 120), Reinhard-Tierfoto (S. 20re, 27, 31, 36, 37li, 49, 52li, 61, 62, 64, 65, 67re, 70 beide, 71re, 84, 102re, 105, 116re, 117, 123li, 131, 137li, 141li, 142re, 145ure, 146 beide, 148li), R. Spohn (S. 24 beide, 34, 53, 57li, 63, 66, 68, 69li, 74, 76 beide, 77, 82, 86 beide, 93, 94, 96 beide, 99, 102li, 109, 110, 112, 118, 121re, 123re, 127re, 129, 130li, 134, 141ure) und F. Strauß (S. 14, 23, 30 beide, 33re, 47).

Alle Angaben in diesem Buch erfolgen nach bestem Wissen und Gewissen. Sorgfalt bei der Umsetzung ist indes geboten. Verlag und Autorin übernehmen keinerlei Haftung für Personen-, Sach- oder Vermögensschäden, die aus der Anwendung der vorgestellten Materialien und Methoden entstehen können. Dabei müssen geltende rechtliche Bestimmungen und Vorschriften berücksichtigt und eingehalten werden. Wenn eine Pflanze in diesem Buch nicht enthalten ist, darf daraus nicht auf deren Ungiftigkeit geschlossen werden.

Umschlaggestaltung von eStudio Calamar unter Verwendung von einem Farbfoto von Gartenschatz, Stuttgart.

Unser gesamtes lieferbares Programm und viele weitere Informationen zu unseren Büchern, Spielen und Experimentierkästen, DVDs, Autoren und Aktivitäten finden Sie unter **www.kosmos.de**

Mix
Produktgruppe aus vorbildlich bewirtschafteten
Wäldern und Recyclingholz oder -fasern
www.fsc.org   Zert.-Nr. SGS-COC-004980
© 1996 Forest Stewardship Council

© 2010, Franckh-Kosmos Verlags-GmbH & Co. KG, Stuttgart
Alle Rechte vorbehalten
ISBN 978-3-440-12262-4
Redaktion: Bärbel Oftring, Böblingen
Projektleitung: Kullmann & Partner GbR, Stuttgart
Produktion: Doppelpunkt, Stuttgart
Printed in Slovakia/Imprimé en Slovaquie

KOSMOS.
Vielfalt für Ihren Garten.

Preisänderung vorbehalten